動詞70のコアイメージをつかめば英語力がぐんとアップする！

# ゼロからスタート
# 基本動詞

重要度ランキング付

妻鳥　千鶴子
Tsumatori Chizuko

Jリサーチ出版

## はじめに

# 基本動詞は、奥が深くて幅広い

　英語を学習し始めて、すぐに出会うのが do、give、get、make などの基本動詞です。そのため基本動詞に対して、「簡単な単語」というイメージを持っている人は多いかもしれません。確かに、多くの英文や英会話において頻繁に見聞きするので、親近感を覚えやすい単語なのかもしれません。では、本当に簡単、あるいは、もうわかりきっている単語ばかりなのでしょうか？

　少し例をあげてみましょう。make が「作る」という意味だと知っている方は多いでしょう。では、出発時間ギリギリに飛行機に乗ることになり、"You can **make it**. But your luggage won't **make it**." と言われたら、どういう意味かピンと来ますか？これは、筆者が英語を勉強し始めてすぐの頃、実際に米国のある空港で言われた言葉です。悪天候のため乗り継ぎ便に遅れそうになり、職員さんに飛行機まで直接誘導してもらった時、「あなたは間に合いますが、荷物は間に合わないでしょう」と言われたのです。

　make の持つ核となる意味は「作る」ですが、make it は、「それを作る → 間に合う」という意味に発展するわけです。

こういった基本動詞のみが持つ深さや幅広さが、いろいろな用法を生み出します。ネイティブ・スピーカー達との会話や、英語圏のドラマ・映画などの会話には、こういった基本動詞が使いこなされています。make = 作る、have = 持っている、といった丸暗記では、わかったようで実はわかっていない、使えるどころか相手が言った意味もわからない、ということになってしまうのです。

　本書では、幅広い意味を持つ基本動詞70語を取り上げ、会話やEメールなどでよく使われる表現を載せています。英語の勉強を始めたばかりの方にとっては、取りかかりやすい1冊だと言えるでしょうし、ある程度学習が進んでいるという方にとっても、意外と知らない表現があるかもしれません。本書を英語学習への入口にしていただき、基本動詞を使うからこそできる奥が深く幅広い表現をどんどん覚えて、自然な会話やEメール、ドラマ・映画などを楽しんでいただけると幸いです。

妻鳥千鶴子

# CONTENTS

はじめに……………………………………… 002
イントロダクション………………………… 008
本書の利用法………………………………… 012

## 第1章　基本動詞重要度ランキング1>10

give ………………………………………… 016
get …………………………………………… 022
take ………………………………………… 028
have ………………………………………… 034
make ………………………………………… 040
do …………………………………………… 046
put …………………………………………… 050
go …………………………………………… 054
come ………………………………………… 058
keep ………………………………………… 062

Review1 ……………………………………… 066
　解答 ………………………………………… 072

## 第2章　基本動詞重要度ランキング11>30

run …………………………………………… 076
break ………………………………………… 080
hold ………………………………………… 084
pass ………………………………………… 088
raise ………………………………………… 092
cover ………………………………………… 096

| | |
|---|---|
| cut | 100 |
| set | 104 |
| fix | 108 |
| lay | 112 |
| turn | 116 |
| work | 120 |
| draw | 124 |
| show | 128 |
| fall | 132 |
| strike | 136 |
| rise | 140 |
| see | 144 |
| touch | 148 |
| look | 152 |
| | |
| Review 2 | 156 |
| 解答 | 162 |

## 第3章　グループで覚える基本動詞 40

### 「言う・話す」の仲間

| | |
|---|---|
| say | 166 |
| tell | 168 |
| speak | 170 |
| talk | 172 |
| call | 174 |
| mean | 176 |

「運ぶ」の仲間
　carry ································································· *178*
　bring ································································· *180*
　bear ·································································· *182*

「ボール」の仲間
　throw ································································ *184*
　catch ································································ *186*
　drop ································································· *188*
　roll ··································································· *190*

「持ち上げる」の仲間
　lift ···································································· *192*
　pick ·································································· *194*

「押す・引く」の仲間
　push ································································· *196*
　pull ··································································· *198*

「衣食住」の仲間
　live ··································································· *200*
　grow ································································· *202*
　eat ··································································· *204*
　wear ································································· *206*
　pay ··································································· *208*
　send ································································· *210*

「状態」の仲間
　hang ································································· *212*

| | |
|---|---|
| stand | 214 |
| shake | 216 |

## 「気持ち」の仲間
| | |
|---|---|
| feel | 218 |
| lose | 220 |
| try | 222 |

## 「進む」の仲間
| | |
|---|---|
| move | 224 |
| leave | 226 |
| lead | 228 |
| cross | 230 |
| start | 232 |

## 「乗り物」の仲間
| | |
|---|---|
| drive | 234 |
| fly | 236 |

## 「自発」の仲間
| | |
|---|---|
| beat | 238 |
| find | 240 |
| meet | 242 |
| mark | 244 |

| | |
|---|---|
| Review 3 | 246 |
| 解答 | 252 |

# 基本動詞攻略は
# 英語力アップへの近道！

## 基本動詞とは

　基本動詞とは、一般に give、get、take、have、make、do など、初めて英語を学習する際に出会う動詞を指し、英語のネイティブ・スピーカー達の日常会話に頻出する単語です。明確に、数が決まっているわけではありませんし、固定された基本動詞のリストがあるわけでもありません。

　本書では、The General Service List というリストを使用して動詞を選出しています。このリストは、Michael West という研究者が１９５３年にまとめた、ネイティブが話したり書いたりする際に、最も高い頻度で使う約２０００語を頻度順にランクづけをしたリストです。この２０００語は、どのような英文においても約８割を占めているので、まずは知っておきたい単語ばかりです。本書で扱っている動詞は、この２０００語のリストのうち、特に上位の１０００語から選ぶようにしました。（※ hit と push は２０００語から選ばれた語です）

　このリストを参考にしながら、筆者がこの２０数年にわたり続けている英語学習の経験に基づき、私たち日本人学習者にとって必要であると思われる単語を選びました。さらに、それらの単語のうち Collins Compact Thesaurus という辞書を用いて、類語をたくさん持つ語に絞り込みました。類語が多いということは、意味や用法に広がりがあることにつながるからです。

**イントロダクション**

## 基本動詞はコアイメージでとらえる！

　基本動詞は、名詞、代名詞、前置詞などと一緒に使われることで、どんどん意味や用法が広がっていきます。例えば、go には、「進む」という意味以外に「続ける」「〜の状態になる」「〜にしまわれる」など様々な意味があり、これらの意味を全部そのまま覚えようとすれば、大変な作業になってしまいます。そこで、まずは、go が持つ、どこかに向かって移動するという核となるイメージ＝コアイメージを覚えましょう。そうすれば、"Go for it!" と初めて聞いた場合でも、「そこへ向かって行け！→（そのために）進んで！　頑張って！」と言われているのだろうと、イメージがふくらむでしょう。

　このように、基本動詞は多様な意味用法を持っているのですが、1つの単語であることにかわりはありません。ですから、その核となる部分をイメージで覚えておけば、それほど大きく意味を取り違えることも少なくなりますし、新しく出会った表現も理解しやすく、覚えやすくなるでしょう。また、使われる場面によって意味合いが変わるものも多いため、1つの表現に1つの日本語訳をつけて覚えても、なかなか使えるようになりませんが、覚えたイメージを膨らませて行くと効率よく学習が進められるようになります。

009

 **効果的な学習方法**

## [目標レベル] TOEIC 450点

 音読 → シャドウイング

**1. コアイメージをつかみ、例文の意味を理解する**

**2. CDと共に例文を音読**
　CDについていくのが大変であれば、自分で何度か音読してから、またCDをかけます。

🔴 **発音、イントネーションなどにも注意して、CDと同じようにスラスラと読めるように練習しましょう。**

**3. シャドウイング**
　例文をスラスラと読めるようになったら、今度は本を見ないでCDと一緒に言ってみましょう。上手にシャドウイングもできるようになり、日本語を見て自然と英文が言えるようになれば、実際に使えるようになります。

# [目標レベル] TOEIC 600点

 ディクテーション

### 1. CDだけを聞き英文を書き取る

1回で全文を書き取る必要はありません。また、スペルがわからなければ、カタカナで「こう聞こえる」と聞いたままを書いておいてもかまいません。

● **何度もCDを聞き直して、英文を仕上げていきましょう。**

### 2. 文法事項も考慮する

例えば、They looking the tree. と聞こえた場合、looking となるなら、They are となるはず、「〜を見る」は look at なので、the tree の前に at がくるはず、といったように自分が持っている知識を活用することも大切です。

● **真剣に取り組めば、重要な文法事項にも気づくことができ、リスニング力のみならず作文力など総合的に英語力を伸ばせます。**

### 3. 根気強く続ける

ディクテーションは、時間も負荷もかかる作業ですが、その分効果も絶大な勉強方法です。ぜひ積極的に取り入れていってください。

> 「わかる」だけではなく、いずれ「自分で使う」のだということを意識して、勉強を続けていきましょう。

## 本書の利用法

　本書は、70語の基本動詞をコアイメージと例文でしっかり定着させることができる1冊です。基本動詞を自由自在に使いこなすことができれば、自然と英語力もアップします。

## 1. 基本動詞重要度ランキング

　第1章、第2章では、基本動詞を重要度ランキング形式で30語紹介します。

- CDのディスク番号とトラック番号を示しています。CD-1の35の場合は、Disc1の35トラック目ということです。
- 見出し語の発音と動詞の活用（原形－過去形－過去分詞）です。
- コアイメージをイラストでよりわかりやすく示しています。

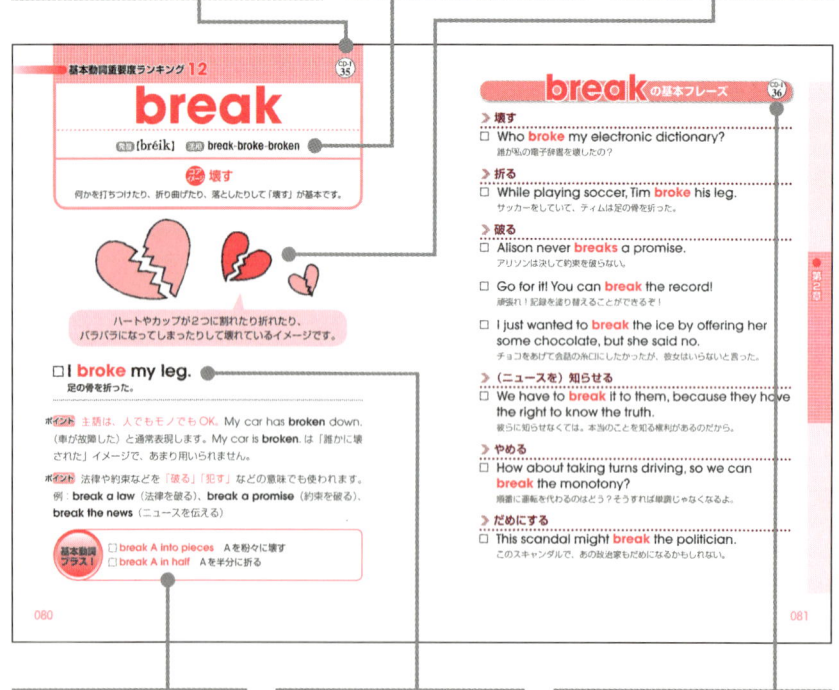

- 補足的に熟語をミニコラムで紹介します。
- 各動詞の1番基本的な意味を用いた例文です。
- リピートポーズが入っていますので、リピーティングやディクテーションをする際に活用してください。

# CDの収録内容

付属CDは2枚組です。学習スタイルに合わせて活用してください。

〈第1章・第2章〉
　見出し語　→　活用　→　コアイメージ　→　基本フレーズ（英語のみ）　→　よく使う表現（英語のみ）　※基本フレーズの例文のあとにはリピートポーズが入っています。

〈第3章〉
　見出し語　→　活用　→　コアイメージ　→　例文（英語のみ）

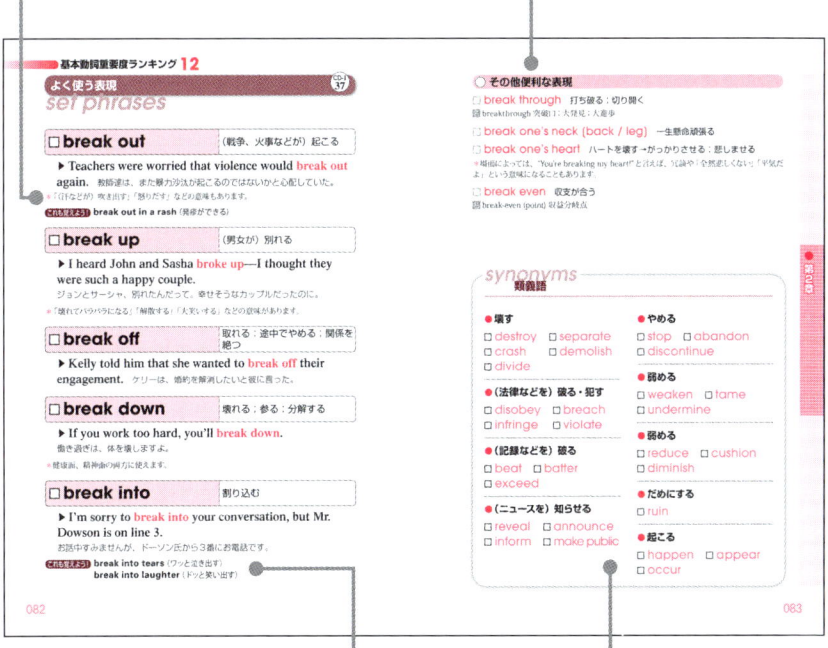

見出し語に、他に違う意味がある場合や補足説明がある場合はここで示しています。

見出し語を使った熟語や慣用表現を示しています。

見出し語として取り上げなかった熟語や慣用表現を載せています。

各動詞の意味ごとに類義語を紹介しています。語彙力アップに役立ててください。

## 2. グループで覚える基本動詞

　第3章では、基本動詞をグループごとに40語紹介します。似た意味や場面別にグループ分けがしてあります。

見出しの動詞が属しているグループを示しています。

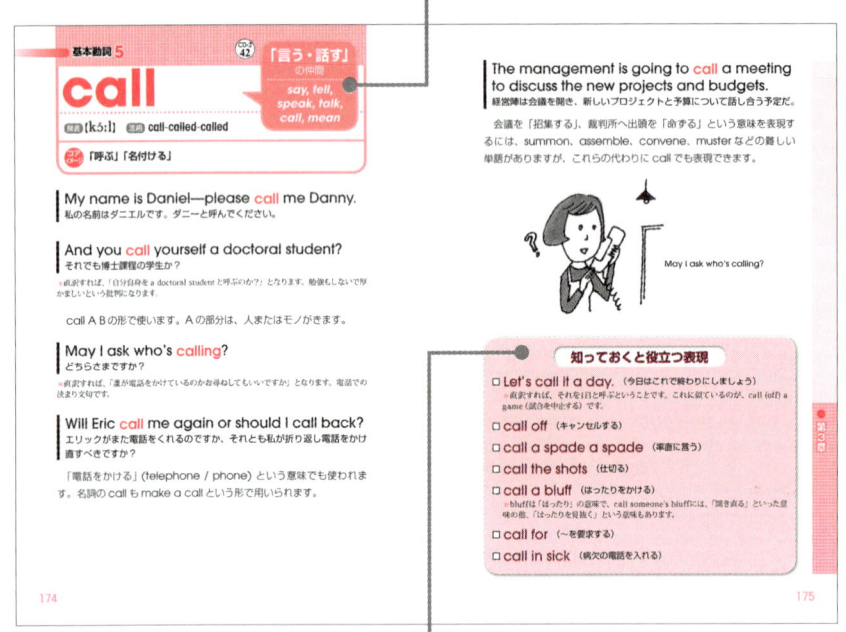

見出し語を使った熟語や慣用表現を紹介しています。

※本書の英文中で使われる（　）は省略可能の意味です。〔　〕や／（スラッシュ）は、置き換え可能の意味です。

## 3. Reviewと解答

　各章末には、基本編、中級編、上級編と3つのレベルに分かれた練習問題があります。解答には、解説もついており復習に最適です。

## 第1章
# 基本動詞重要度ランキング
# 1 >>> 10

## 基本動詞重要度ランキング 1

# give

 【gív】　活用 give-gave-given

 あげる

相手に物を手渡したり、お金などの見返りなしに、何かをあげたりすることです。

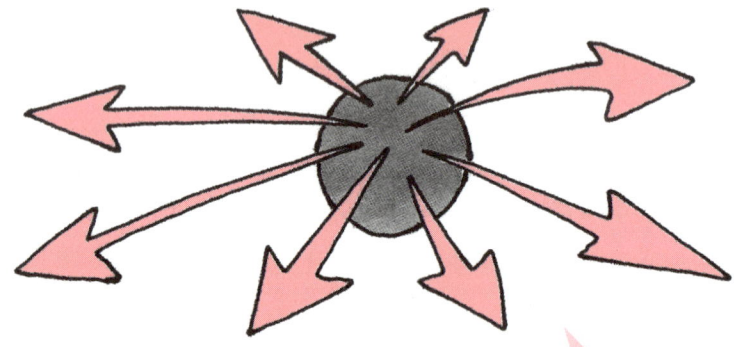

中心から多くの矢印が外側に向かって、発散されているかのようなイメージで、与え尽くす感じです。

## □ **Give** this paper to your mother.
この新聞をお母さんに渡して。

---

- ポイント 「与える」が give の基本です。例：**Thomas gave her a smile.**（トーマスは彼女に笑顔を与えた→ほほえんだ）

- ポイント give me は、「ください」例：**Give me another chance.**（もう一度チャンスをください）

- ポイント give ＋人＋モノ、give ＋モノ＋ to 人の両方使えます。基本例文は、Give your mother this paper. とも言えます。

## **give** の基本フレーズ

### ≫ 与える

- They **gave** a lavish party.
  彼らは豪勢なパーティを開催しました。

- Could you **give** me a ride (lift)?
  駅まで乗せてもらえますか？

- He's young, so we should **give** him more time.
  彼は若いのだから、長い目で見てあげましょう。

- Visiting the park will **give** pleasure to the kids.
  その公園へ行けば、子供たちも喜ぶでしょう。

- They **gave** us a wonderful performance.
  彼らの公演はすばらしかった。

- She **gave** me the impression that she was a successful businessperson.
  彼女は成功している実業家というイメージでした。

### ≫ する

- He **gave** a yawn.　彼はあくびをした。

- She **gave** a smile to him.　彼女は彼にほほえんだ。

- **Give** me a call at 8 o'clock.
  8時に電話してください。

017

**基本動詞重要度ランキング 1**

## 言う・伝える・教える

- **Give** it to me straight.
  それをまっすぐにください。 → はっきり言ってください。

- I **gave** him some advice.　私は彼にアドバイスした。

- Could you **give** me directions to your house?
  お宅への行き方を教えていただけますか？

- Could you **give** me some more details on that plan?
  その計画についてもっと詳しく話してくれますか？

- Please **give** my regards to all of your family members.
  ご家族の皆さんによろしくお伝えください。

- I'm sorry, but could you **give** me your name once again, please?
  すみませんが、もう一度お名前をちょうだいできますか？

- Daisuke **gave** me art lessons.
  ダイスケに芸術をちょっと教えてもらいました。
  ＊本格的な授業のみでなく、得意な人が教えてくれる場合にも使えます。

## 紹介する

- I **give** you our president.
  社長を紹介いたします。
  ＊パーティや会合など大勢の人に、特別ゲストを紹介する場合に使います。

018

## よく使う表現
# set phrases

□ **give up** あきらめる

▶ Never (ever) **give up**.
決してあきらめないでください。

□ **give in to** 〜に負ける

▶ We'll never **give in to** despair.
決してくじけないぞ。

□ **give off** (においや光、熱などを)発する

▶ This potpourri still **gives off** a good smell.
このポプリは、まだ良いにおいがします。

**これも覚えよう！** give ...% off (〜%割引する)
 I heard you give 10% off. (10%まけてくれると聞いたのですが)

□ **give a damn** 気にする

▶ I don't **give a damn** about what politicians say.
政治家が言うことなど、知ったことではありません。

□ **give... a second thought** 〜について考え直す

▶ Why don't you **give it a second thought**?
考え直してはどうですか？

□ **Don't give me that.** そんなこと言わないで

＊信用できない、やめて、といった気持ち。

## 基本動詞重要度ランキング 1

### ☐ give away | 無料で与える

▶ I heard Sam Electric Store is **giving away** coffee makers to the first 30 customers.
サム電気店では、先着30名にコーヒーメーカーを無料でくれるそうだ。

**これも覚えよう!** giveaway（景品；無料サンプル；おまけ）

### ☐ give and take | ギブアンドテイク；譲り合う；持ちつ持たれつ

▶ Their happy relationship comes from **give and take**.
彼らの良い関係は、持ちつ持たれつで成り立っている。

### ☐ give as good as they get | 互角に戦う；やりかえす

▶ Kent, the youngest son, always **gives as good as he gets**.
末っ子のケントはいつも負けていないでやり返す。

### ☐ give anything | 何でも差し出す

▶ He'd **give anything** to be like his father.
彼は自分の父親みたいになるためなら、何でも差し出すだろう。

＊ anything の代わりに、one's right arm（右腕）を使った表現も同意です。

### ☐ give out | 配る；公表する；発する

▶ I don't want to **give out** my address and telephone number.
住所と電話番号を公表したくはない。

### ☐ give birth to | ～を産む

▶ This morning my sister **gave birth** to a baby boy.
今朝妹が男の子を産みました。

## give one's word — 約束する

▶ I'll **give you my word**.
約束します。

## give credit — 信じる

▶ You should **give** me more **credit**.
もっと信頼してください。

## Why don't you give it a try? — やってみたらどう？

## I'll give you that. — その点は確かにそうだ

▶ It has a nice color—**I'll give you that**—but I still wouldn't wear it to the party.
色はいいですよ、確かに。でも、やはりパーティには着ていかないでしょうね。

---

### synonyms 類義語

● 手渡す・取ってもらう
- hand (out)
- present
- pass (around / round)

● 配給する
- distribute

● 渡す
- provide

● 供給する
- supply

● 寄付する
- donate

● 分かち合う
- share

021

# 基本動詞重要度ランキング 2

# get

発音 【gét】　活用 get-got-got / gotten

**コアイメージ 手に入れる**

無料でも有償でも、物質的なものでも精神的なものでも、何かを「得る」ことです。

自分から手を伸ばして、何かを手に入れる、つかみとるイメージです。そこから、どこかへ「着く」、ある状態へと「なる、変化する」など、いろいろな意味が生まれてきます。

## ☐ Where did you **get** that?
どこでそれを得たのですか？

ポイント　get は使われる場面に注意しましょう。例えば、上の基本例文を、新しい洋服について言えば、「どこで買ったの」、悪い言葉づかいをしている子供に親が言えば、「そんな言い方をどこで覚えたのだ」と叱る意味になります。

ポイント　get ＋形容詞で「～（形容詞）の状態を得る」＝「～になる」
例：**get sick**（病気になる）、**get dark**（暗くなる）、**get cold**（寒くなる）

# **get** の基本フレーズ

## ≫ 入手する

☐ I **got** this T-shirt for 10 dollars.
このTシャツは10ドルでした。

☐ Why don't you **get** some rest?
少し休憩しては？

## ≫ 受け取る・贈られる

☐ Did you **get** my message?
メッセージは聞いてくれましたか？

☐ What did you **get** for your birthday?
誕生日に何をもらったの？

## ≫ なる

☐ It's **getting** cold.  寒くなってきましたね。
　＊ It's getting late.（遅くなってきました）は、夜遅くなってきたという場合や、そろそろ帰らなくてはと切り出す場合などに使えます。

☐ **Get** well soon.  早く良くなってください。

☐ I **got** mad (angry) at (with) Kate.
ケイトに腹が立った。
　これも覚えよう！ Her attitude gets me.（彼女の態度には腹が立つ）
　　　　　　　　　 It gets me.（わかりません／腹が立つ）

## ≫ 着く

☐ Around what time will we **get** there?
何時頃、そこに着きますか？

023

## 基本動詞重要度ランキング 2

- ☐ I usually **get** to work around 8 am.
  通常は8時頃職場に着きます。
  **これも覚えよう！** get to know（知り合いになる）

### ≫ わかる

- ☐ I **got** it. わかりました。
  ＊親しい相手には Got it. だけでも OK.
  **これも覚えよう！** Now I've got it!（あ、そうか） You've got it.（そのとおりです）

- ☐ Don't **get** me wrong. 誤解しないでください。
  ＊文字通り「悪く思わないでください」ということです。

### ≫ つかむ

- ☐ **Get** him! つかまえろ！／やっつけろ！

### ≫ 〜させる

- ☐ Adrian is good at **getting** his customers to buy more expensive goods.
  エイドリアンは、客により高価な商品を上手に買わせる。

- ☐ I want to **get** everything done today.
  今日全部すませたい。

### ≫ 連絡を取る

- ☐ **Get** in touch with me at my home or office anytime.
  家でもオフィスでも、いつでも連絡をください。
  **これも覚えよう！** I'll get back to you.（後ほど連絡します）

- ☐ Aren't you **getting** the phone? 電話に出ないの？
  ＊誰か来たので玄関に出る場合 I'll get the door.（私が出ます）と表現できます。

# よく使う表現
## set phrases

### ☐ be getting at
〜を言おうとする；〜を暗示する

▶ What **are you getting at**?

何が言いたいのですか？

**これも覚えよう!** get at（批判する；嫌みを言う）

### ☐ get away from
〜を去る；〜から離れる

▶ Sorry I couldn't **get away from** the office last night.

ごめんなさい、昨夜はオフィスを離れられませんでした。

＊ I want to get away from it all.（何もかも忘れたい）は、日ごろのわずらわしさから開放される、羽を伸ばすといった意味合いです。

### ☐ get... down
〜の気を重くさせる

▶ Rainy days **get me down**.

雨の日は気が重い。

＊ get down には身を低くするという意味もあります。

### ☐ get down to
本気で取りかかる

▶ Let's **get down to** business.

さあ、本題に入りましょう。

### ☐ get along with
〜と仲良くやっている

▶ People around here **get along well with** each other.

このあたりの人たちは皆仲よくやっている。

＊ I can't get along without coffee.（コーヒーなしではやっていけない）のように get along には survive（生き延びる）、manage（何とか〜する）の意味もあります。

025

## 基本動詞重要度ランキング 2

### ☐ get over  |  (つらい経験などを) 乗り越える

▶ It'll take her some time to **get over** his death.
彼女が彼の死を乗り越えるには時間がかかるでしょう。

### ☐ get around  |  (法律や問題などを) 避けて通る；裏をかく

▶ We found a way to **get around** the problem.
その問題を回避する方法を見つけた。

＊ get around の後に、law（法律）や rule, regulation（規則）などが続いていれば、抜け道という意味になります。また The news gets around.（その知らせは知れ渡った）という意味もあります。

### ☐ get ahead  |  出世する；成功する

▶ I want a chance to **get ahead**.
出世するチャンスがほしい。

### ☐ get off  |  (乗り物などから) 降りる；〜から離れる

▶ **Get off** at the fifth station.
5番目の駅で降りてください。

＊ Get off me.（私に触らないで）などの意味もあります。

### ☐ get around (round) to  |  〜するための時間を見つける

▶ Finally, I **got around to** writing you an email.
ついに、あなたにメールを書く時間ができました。

### ☐ get together  |  集まる

▶ We **got together** and discussed the issue.
私たちは昨日集まり、その件について話し合った。

## ☐ get through 　切り抜ける

▶ How could he **get through** the difficult situation?
どのようにして、彼はその困難な状況を切り抜けたのだろう？

＊ get through には試験に合格するなど、ほかにもいろいろな意味があります。

## ☐ What's gotten (got) into you today? 　今日はどうかしたのですか？

＊いつもと様子が違う人に対して使います。

## ☐ You got me there. 　痛いところをつかれました

＊「参りました」「一本取られました」という意味合いで使われます。You've got me. や You got me. ということもできます。

## ☐ as... as you can get 　できる限り；最も

▶ This way is **as** good **as you can get.**　この方法が最善です

### synonyms 類義語

● 入手する
☐ buy　☐ come by
☐ obtain　☐ acquire

● 送（贈）られる
☐ receive　☐ award
☐ inherit

● なる
☐ become　☐ turn
☐ grow

● 着く
☐ arrive　☐ come
☐ reach

● わかる
☐ understand　☐ catch
☐ see　☐ work out

● つかむ
☐ catch　☐ capture
☐ grab　☐ seize　☐ take

● 影響を与える・説得する
☐ influence　☐ persuade

● 連絡を取る
☐ communicate with
☐ contact

027

## 基本動詞重要度ランキング 3

# take

発音 【téik】　活用 take-took-taken

コアイメージ つかみ取る

何かを手で自分の方に「取る」のが基本のイメージです。

何かをガッシリとつかみ取るという基本の意味以外に、つかみ取ったものを別の場所に持って行く、人をどこかへ連れて行くなどの意味があります。

☐ **Take an umbrella just in case it rains.**
雨が降るといけないので、傘を持っていきなさい。

ポイント　時間やお金が「かかる」も重要です。例：**It takes me one hour to get to the office.**（会社に行くのに1時間かかります）

ポイント　take はいろいろな名詞と一緒に使い、動作を表現することができきます。例：**take a walk**（散歩する）、**take a shower**（シャワーを浴びる）

028

# **take** の基本フレーズ

## ▶ 連れて行く・持って行く

- ☐ Can you **take** the kids to the zoo this weekend?
  この週末、子供達を動物園に連れて行ってくれる？

- ☐ Don't forget to **take** your cell phone with you.　携帯電話を忘れずに持って行きなさい。

## ▶ かかる

- ☐ It **takes** me ten minutes to get to the station.
  駅まで10分かかります。

- ☐ The reception **took** three hours.
  その披露宴は3時間かかった。

## ▶ 買う

- ☐ I'll **take** that blue one.　その青いのをいただきます。

## ▶ 受け入れる・引き受ける

- ☐ Do you **take** VISA?　ビザカードは使えますか？

- ☐ Did you **take** his advice?
  彼のアドバイスに従ったのですか？

- ☐ <u>Can</u> (May) I **take** a message?
  伝言をお預かりしましょうか？

- ☐ I will **take** charge of our new sales campaign.
  わが社の新しいセールスキャンペーンの責任者になります。

## 基本動詞重要度ランキング 3

- [ ] I can't **take** it seriously.　本気にはなれないです。
  * 直訳すると「まじめに受け止めることができない」です。
  * take には「解釈する」「考える」といった意味合いもあります。

### ≫ （テストを）受ける

- [ ] I took the **test** last Sunday.
  先週の日曜にそのテストを受けました。

### ≫ （薬を）飲む

- [ ] Are you **taking** any other medicines?
  他に何か薬を飲んでいますか？

### ≫ ～する

- [ ] I was **taking** a shower when you called.
  電話をくれたときにはシャワーを浴びていました。

- [ ] Why don't you **take** a walk every day, even for ten or twenty minutes?
  10分でも20分でも良いので、毎日散歩してはどうですか？

- [ ] **Take** a deep breath and relax.
  深呼吸してリラックスしてください。

- [ ] One of my coworkers is trying to **take** control of the department.
  同僚の1人がこの部を仕切ろうとしています。

### ≫ （乗り物に）乗る・（乗り物を）使う

- [ ] I **took** a train (bus) to get here.
  ここへは電車で［バスで］来ました。

## よく使う表現
## set phrases

| ☐ **What took you so long?** | 何でそんなに時間がかかったのですか？ |

＊通常、「遅かったね」「もっと早く来てほしかった」という意味合いをこめて使われます。

| ☐ **take care of** | 〜の世話をする |

▶ I'm **taking care of** his cat while James is away.
ジェイムズが出かけている間は私が猫の面倒を見ます。

| ☐ **take it** | 我慢する |

▶ I can't **take it** anymore.
もうこれ以上我慢できません。

| ☐ **take it** | 思う；解釈する |

▶ Don't **take it** personally.
個人的に受け取らないでください。／あてこすりだと思わないでください。／悪く思わないでください。

**これも覚えよう！** take it（信じる）
Take it from me.（私を信じてください）

| ☐ **Take it or leave it.** | のるかそるか／いちかばちか／決心しなさい |

| ☐ **take time** | 時間がかかる；時間をかける |

▶ **Take your time.** There's no rush.
ゆっくりどうぞ。急ぐ必要はないので。

031

## 基本動詞重要度ランキング 3

### ☐ take part in  〜に参加する

▶ Alison will be fully recovered and able to take part in the race by that time.
その頃までには、アリソンも完全に回復し競技に参加できるでしょう。

### ☐ take place  行われる；起こる

▶ The next conference will take place in Paris.
次の会議はパリで行われる。

### ☐ take a picture  写真を撮る

▶ Can you take a picture of us, please?
写真を撮っていただけますか？

### ☐ take the news well (hard)  知らせを喜ぶ［落胆する］

▶ They didn't take the news very well.
彼らは、その知らせをあまり喜びませんでした。

### ☐ take me for  私を〜と思う；〜のように扱う

▶ What do you take me for—a fool or something?
私をなんだと思っているのですか？バカか何かだとでも？

### ☐ what it takes to  〜するために必要なもの

▶ Min-jung has what it takes to be an actress.
ミンジョンは女優になるために必要な資質をすべて備えている。

### ☐ take (away)  〜を引く

▶ Take away five from thirteen and what do you get?
5を13から引くと、残りは？

## ☐ take... for example　〜を例にとる

▶ **Take** your father **for example**; he's never relied on other people for help.
例えばお父さんを見なさい。決して人に助けてもらおうとしないでしょう。

## ☐ take advantage of　〜を利用する；〜につけこむ

▶ You are too naive; anyone can **take advantage of** you.
世間知らずもいいところだ。誰にでもつけこまれてしまいますよ。

## ☐ It takes two to tango.　けんか両成敗

＊けんかをするには2名いる、1人ではけんかができない、という意味で、責任は両者にあるということです。

### synonyms 類義語

●連れて来る・持って来る
☐ bring　☐ fetch

●つかむ
☐ grab　☐ snatch

●連れて行く・案内する
☐ guide　☐ show

●買う・信じる・思う
☐ buy

●運ぶ・配達する
☐ transport　☐ deliver

●受け入れる
☐ accept

●連れて来る・持って来る
☐ get　☐ pick up
☐ collect

033

## 基本動詞重要度ランキング 4

# have

発音【hǽv】　活用 have-had-had

コアイメージ **持っている**

品物や時間、特徴などを持っていることです。

手に何かをたくさん「持っている」、また持っている人自体にも、笑顔や髪の毛、指輪などが「ついている」イメージです。

## □ I **have** no job and no money now.
今は仕事がなく、お金もありません。

---

ポイント　家族や恋人などが「いる」は、have a family (girlfriend / boyfriend) です。

ポイント　have ＋モノ＋過去分詞で「モノを〜してもらう」です。
例：**I had my car repaired**.（車を修理してもらった）

ポイント　have ＋人＋過去分詞で「人に〜してもらう」です。
例：**I'll have Kit take your suitcase up.**（キットにスーツケースを上へ持って行ってもらうね）

034

# have の基本フレーズ

## ▶ 持っている・ある

- ☐ Catharine **has** three beautiful daughters.
  キャサリンには3人のかわいい娘がいる。

- ☐ I **have** my ways.　私なりの方法があるのです。
  ＊ How did you know?（どうしてわかったの?）という問いかけに対する答えに使われることが多いです。

## ▶ （予定が）ある

- ☐ We are **having** a meeting Friday morning.
  金曜日の朝は会議があります。

- ☐ The students will **have** job interviews next week.
  この生徒達は来週就職の面接があります。

## ▶ （雨や雪が）降る

- ☐ We usually **have** little snow here in Osaka.
  大阪では通常雪はあまり降りません。

## ▶ 食べる・飲む

- ☐ Let's **have** something to eat, shall we?
  何か食べましょうか？

- ☐ Can I **have** a bite of your cake?
  ケーキを一口もらえる？

## 基本動詞重要度ランキング 4

- ☐ No, thank you. I've already **had** three cups of coffee.
  結構です。もう既に３杯もコーヒーを飲んだもので。

### ≫ 経験する・楽しむ

- ☐ **Have** a good day. いい１日を。
  ＊「またね」「いってらっしゃい」などの意味でも使われます。

- ☐ Our kids **had** a good time with Kent.
  子供達は、ケントと楽しく過ごした。

### ≫ （痛みなどを）感じる

- ☐ I **have** a cold. 風邪をひいています。

- ☐ I **have** stiff shoulders. 肩がこっています。

### ≫ （さまざまな感情を）抱く

- ☐ I **have** a complete mental block when it comes to computers.
  コンピューターは生理的に全くだめです。

- ☐ Tommy **has** a lot of faith in Janet.
  トミーはジャネットのことをとても信頼している。

- ☐ People **have** strong doubts about the competence and effectiveness of their prime minister.
  人々は、総理大臣の能力と効率性に強い疑問を抱いている。

- ☐ The boss **has** a very high opinion of Carla.
  上司はカーラをとても高く評価している。

## よく使う表現
### set phrases

### □ have against　　〜に恨みを抱いている

▶ What do you **have against** him?
彼に何の恨みがあるのですか？

＊他にも I have it in for him.（彼に対して恨みがある）という表現があります。

### □ have nothing against　　〜に反感を抱いていない

▶ I **have nothing against** him personally—I just don't like his designs.
彼に対して個人的に反感があるわけではなく、単にデザインが好きではないのです。

### □ have had it　　もうたくさんだ

▶ That's it. I**'ve had it** with you.
もう限界。あなたにはうんざりだ。

＊場面によっては「これ以上はダメだ、お手上げだ」などの意味にもなります。

### □ have it　　〜と言っている

▶ Rumor **has it** that she's breaking up with Shin.
うわさでは、彼女はシンと別れるそうだ。

### □ have it in　　〜に才能がある

▶ Go ahead! I know you **have it in** you.
素晴らしいですね。あなたならできると思っていました。

037

## 基本動詞重要度ランキング 4

### ☐ have nothing (something) to do with
〜に関係がない［ある］

▶ This has nothing to do with you.
これはあなたには関係がない。

＊この意味では、通常主語にはモノを用います。

### ☐ have on
身につけている

▶ Liz had a white shirt on at that time.
リズは、あの時白いシャツを着ていました。

### ☐ have to
〜しなくてはならない

▶ I have to get up around five tomorrow.
明日は５時頃起きなくてはならない。

### ☐ have it out with
〜と話し合って決着をつける

▶ You'll have to have it out with George soon.
すぐに、ジョージと話し合って決着をつけなくてはならないでしょう。

### ☐ the haves, the have nots
持てる者、持たざる者

＊have-nots とも表記します。富裕層・貧困層、情報を持つ者・持たぬ者、核を所有する国・しない国などのことを指します。

### ☐ have a comeback for everything
ああ言えばこう言う

▶ The newcomer has a comeback for everything.
あの新人は、ああ言えばこう言う。

### ☐ Have a heart!
お願いだから！／そこを何とか！

＊「心を持ってくれ→やさしくして」という意味で、頼み事をする場合などに使う表現です。

### ☐ You have me there.
痛い所をつかれました／わかりません

## ☐ I've got it!
わかった！／なるほど！

## ☐ have a finger in every pie
いろいろなことに関与している

▶ The entrepreneur **has a finger in every pie**.
あの実業家は、いろいろなことに手を出している。

## ☐ have second thought(s)
考え直す

▶ I'm **having second thoughts** about quitting the job.
仕事をやめることについて、考え直しているところです。

**基本動詞プラス！**
- ☐ have a look　見る
- ☐ have a bite　一口食べる
- ☐ have a feeling of　〜という感情を抱く

---

## synonyms 類義語

● 連れて来る・持って来る
☐ bring　☐ fetch

● 所有する
☐ own　☐ possess
☐ keep　☐ retain

● 飲む・食べる
☐ drink　☐ eat

● 経験する・楽しむ
☐ experience
☐ undergo　☐ enjoy

● 感じる
☐ feel

## 基本動詞重要度ランキング 5

# make

発音【méik】 活用 make-made-made

**コアイメージ 作る**

何かを「作る」「させる」、何かに「なる」など幅広い意味を持ちます。

> 何か別の形のものを作り出す、何かになる・変わる、別の方向に向かう、など、いろいろ変わって行くイメージです。

## □ Who **made** these sandwiches?
誰がこのサンドイッチを作ったのですか？

**ポイント** make ＋人＋形容詞で、「人を〜（形容詞）にさせる」です。
例：**What makes you so angry?**（何故そんなに怒っているの）

**ポイント** 日本語では「子ども」「笑顔」「農作物」などを作ると表現しますが、英語では make を使いません。例：**start a family**（子どもを作る）、**put on a smile**（笑顔を作る）、**grow crops**（農作物を作る）

# **make** の基本フレーズ

## ≫ 作る

☐ The director is **making** a film on environmental problems.
その監督は今環境問題を題材にした映画を作っている。

☐ This teddy bear is **made** of towels.
このクマのぬいぐるみはタオルで作られている。
**これも覚えよう!** be made from 原料 ((原料) から作られる)
　　　　　　　Wine is made from grapes. (ワインはブドウから作られる)
＊通常、原料は be made from を使います。

## ≫ ～する

☐ Don't be afraid of **making** mistakes when learning a language.
言葉を習う時は、ミスをおかすことを恐れないでください。

☐ Did you **make** an appointment with the doctor? 医者の予約を取りましたか？

☐ The organization **made** a commitment to world peace. その機関は、世界平和に貢献した。

## ≫ ～させる

☐ What **makes** you think so? なぜそう思うのですか？

☐ Doesn't this dress **make** me look slim?
このドレスを着ると、細く見えない？

☐ He always **makes** me smile.
彼はいつも私を笑わせてくれる。

041

## 基本動詞重要度ランキング 5

- ☐ You can't **make** her wear clothes that you like.
  自分が好きな服を彼女に着せるなんて、だめですよ。

### ▶ 稼ぐ・得る

- ☐ I want to **make** a living growing organic fruit and vegetables.
  オーガニックの果実や野菜を作って生活費を稼ぎたい。

- ☐ Our shop didn't **make** a profit.
  私たちの店は利益が出なかった。

### ▶ 着く

- ☐ You will **make** it on time, though your baggage won't.
  あなたは時間通り着くでしょうが、荷物は間に合わないでしょう。
  **これも覚えよう!** **make it**（時間に間に合う；成功する；（生命が）助かる）

### ▶ なる

- ☐ I'm sure he'll **make** a good homemaker.
  彼はいい主夫になりますよ。

- ☐ You two **make** a perfect couple.
  あなたたちはお似合いです。

- ☐ We **made** friends during my stay in New Zealand. 私がニュージーランドにいた時に、友達になりました。

### ▶ 使う

- ☐ Let's **make** the most of this opportunity.
  この機会を最大限に活用しましょう。

042

## よく使う表現
## set phrases

| **make it through** | 〜を何とか切り抜ける |
|---|---|

▶ You can **make it through**. どうにかなりますよ。

| **make it big** | 大成功する |
|---|---|

▶ These singers worked very hard before they **made it big**.
これらの歌手達は大成功する前、一生懸命努力した。

＊文字通り「それを大きくする→成功する」と考えられます。他にも make it right（それを正す）、make it quick（早くする）など似た表現があります。

| **make my day** | ありがとう／楽しませてくれ |
|---|---|

▶ Thank you, Jerry. You've **made my day**.
ありがとう、ジェリー。助かったよ。

＊使い方によって「やれるものならやってみろ」という意味や、「楽しい1日にしてくれた」という意味のお礼に使われることもあります。

| **make up one's mind** | 決心する |
|---|---|

▶ Have you **made up your mind**? 決心がつきましたか？

| **make time** | 時間を取る |
|---|---|

▶ Can you **make time** to see Sandra in the hospital?
サンドラを見舞う時間を作れますか？

| **make out** | わかる |
|---|---|

▶ Can you **make out** what the author is trying to say here?
著者がここで何を言いたいのか、わかりますか？

043

## 基本動詞重要度ランキング 5

| ☐ **make a difference** | 違いをもたらす；影響を与える |

▶ Don't worry—it doesn't **make a difference** anyway.
心配しないで。どうせ違いはないのだから。

| ☐ **make do** | 間に合わせる；対処する |

▶ I'll **make do** with a copy, because the original work is too expensive.
複製画ですませます。原画は高価すぎるので。

**これも覚えよう!** make do without（〜なしですませる）

| ☐ **make up** | でっちあげる |

▶ He **made up** a story to deceive Maggie.
彼はマギーをだますために、話をでっちあげた。

＊「化粧する」という意味もあります。また makeup class（補講）という使い方もあります。

| ☐ **make up for** | 埋め合わせる |

▶ I'm sorry, Andy. Can I **make up for** it by going to the zoo tomorrow?
アンディ、ごめんね。明日動物園に行くことで許してくれるかな？

| ☐ **make a scene** | （人が大勢いる所などで）騒ぐ；騒いで注目を浴びる |

▶ Chill out! You're **making a scene**.
落ち着いて！皆が見ているよ。

| ☐ **make sense** | 意味をなす；辻褄が合う |

▶ It doesn't **make any sense**.
それはおかしいです。

＊話や文章の筋が通っていない場合に使います。

| □ **Make it two.** | それを2つください |
|---|---|

＊レストランなどで、人が頼んだものを自分も頼む場合に使います。

| □ **That makes two of us.** | 私もそうです |
|---|---|

＊話している相手が言ったことに同意を示す場合に使います。

| □ **make A into B** | AをBにする；変える |
|---|---|

▶ Don't try to make me into a salesperson.
私を販売員にしようとするのはやめてください。

| □ **make something of it** | 文句をつける |
|---|---|

▶ Wanna make something of it?
何か文句でもあるのか？

＊正確に言えば Do you want to make something of it? ということです。「率直に言う」という意味で、make no bones about... という表現もあります。

## synonyms 類義語

●連れて来る・持って来る
□ bring  □ fetch

●作る
□ create  □ build
□ form  □ fabricate
□ manufacture
□ produce  □ assemble

●〜する
□ do  □ perform
□ carry out

●〜させる
□ force  □ cause
□ drive  □ compel

●稼ぐ・得る
□ earn  □ gain
□ obtain

●着く
□ get to  □ arrive
□ reach

045

## 基本動詞重要度ランキング 6

# do

発音 【dúː】　活用 do-did-done

コアイメージ **する**

単なる動作ではなく、意識的に何かを「行う」「影響を与える」のが基本です。

> 目的があり、それを達成しようとして何らかの行動を「する」イメージです。

## ☐ How are you **doing**?
**調子はいかがですか？／お元気ですか？**

ポイント 使われる状況に注意しましょう。基本例文は通常挨拶で使われますが、仕事をしている人に向かって言えば、進捗状況を尋ねます。

ポイント 成功や失敗などを表現することもできます。
例：**James has been doing very well.**（ジェームズは大成功している）

## **do** の基本フレーズ

### ～する
☐ What have you **done**?
何をしたのですか？／何ということをしてくれたのですか？
＊What did you do?（何をしたのですか？）には、非難の意味合いはありません。

### 影響を与える
☐ Walking in the morning will **do** you good.
朝歩くと健康にいいですよ。

### 十分である
☐ "We have no butter. Can we use vegetable oil?"
バターがない。植物油でいいかな？

"Sure. That'll **do**." それで十分だよ。

### ふるまう
☐ "Be nice to your brother." 弟にやさしくしなさい。

"Nice? I don't **do** nice." やさしくなんて、できないよ。

### 仲良くやっていく
☐ They are **doing** very well with their classmates.
彼らはクラスメートととても仲良くしている。

### 対処する
☐ What will you **do** about it? それについてどうしますか？
＊問題などに対して、どのように対処するのかという意味です。

### ～へ行く
☐ Let's **do** Tokyo Tower tomorrow morning.
明日の朝、東京タワーへ行きましょう。

### 整える
☐ It takes Chris ages to **do** his hair.
クリスは髪をちゃんとするのに、時間がかかる。

047

## 基本動詞重要度ランキング 6

### よく使う表現
### set phrases

| □ **do away with** | 排除する |
|---|---|

▶ It might be very difficult to **do away with** nuclear power completely.
完全に原子力を排除するのは、難しいかもしれません。

| □ **do without (with)** | ～なしですませる<br>[～で間に合わせる] |
|---|---|

▶ Young people can't **do without** their cell phones.
若者たちは、携帯電話なしではやっていけない。

| □ **could do with** | ～がほしい |
|---|---|

▶ I **could do with** a cup of coffee.
コーヒーが1杯ほしい。

| □ **do up** | ボタンをかける |
|---|---|

▶ Sarah, help your sister **do up** her buttons.
サラ、妹がボタンをかけるのを手伝って。

＊「(ビルなど)改装する」「着飾る」という意味もあります。

| □ **do over** | ～をやり直す |
|---|---|

▶ The professor read my paper and gave me a chance to **do** it **over**.
教授は、私の課題文を読んでやり直す機会をくれました。

＊「作り直す」「攻撃する」という意味もあります。

| □ **do = perform** | 演奏する；上演する |
|---|---|

▶ What are they **doing** now at the Royal Opera House?
今ロイヤル・オペラハウスでは、何を上演しているのだろう？

| □ **do = study** | 勉強する |
|---|---|

▶ I want to **do** psychology at the university.
大学では、心理学を勉強したい。

| □ **dos and don'ts** | 心得ておくべきこと |
|---|---|

▶ My grandparents have **dos and don'ts** in their house and we have to follow them.
祖父母の家には、心得ておくべきことがあり、私たちはそれを守らなくてはならない。

＊直訳すると「すべきこと、すべきではないこと」という意味です。

## synonyms 類義語

●〜する
□ perform　□ act
□ carry out
□ complete　□ work

●影響を与える
□ effect　□ cause
□ bring about

●十分である
□ be enough
□ be adequate
□ suit　□ satisfy

●ふるまう
□ behave

●仲良くやっていく
□ get on　□ get along

●対処する
□ deal with　□ solve

●〜へ行く
□ visit　□ cover　□ stop
□ travel

●準備する・整える
□ get ready　□ arrange
□ fix

●勉強する
□ study

## 基本動詞重要度ランキング 7

# put

発音 【pút】　活用 put-put-put

コアイメージ **置く**

何かをどこかへ「置く」「入れる」「放り込む」が基本です。

何かを動かして、どこかに「置く」イメージです。

☐ **Where did you put my keys?**
鍵をどこへ置いた？

---

**ポイント**　「置く」が基本ですが、文脈で日本語訳は変わります。
　例：**put in my pocket**（ポケットに入れる）、**put into jail**（刑務所に投獄する）、**put into ambulance**（救急車に乗せる）

**ポイント**　状況が「変わる」、「〜になる」、「〜させる」という意味もあります。
　例：**put... in danger**（(人)を危険に置く→(人)を危険な状態にする）

---

基本動詞プラス！
☐ **Put your name here.**
　ここに名前を書いてください。
☐ **put pressure**　圧力をかける

# put の基本フレーズ

### ≫ 置く

☐ **Put** down the bag—it looks heavy.
バッグを降ろしなさい。重そうですね。

☐ After reading, **put** it back on the shelf.
読み終わったら、棚に戻してください。

### ≫ 負わせる

☐ I think school education should **put** more emphasis on reading and thinking.
学校教育は、もっと読むことと考えることに重点を置くべきでしょう。

☐ That task could **put** too much strain on students.
その課題は、生徒達に過度の負担になる可能性がある。

### ≫ ～させる

☐ Lance will be **put** in charge of the new project.
ランスは新しいプロジェクトを任される。

☐ During the first two years, I was **put** to work assisting seniors.
最初の2年は、先輩達を補佐する仕事をさせられた。

### ≫ 述べる・示す

☐ Let me **put** it this way.
このように言い換えてみましょう。
＊「つまり」「言い方を変えてみましょう」など、説明を始める場合や、相手に話が通じていない場合に、より明確に話すための前置きなどとして用いられます。

☐ You should **put** your opinion more clearly.
言いたいことをもっとはっきりと言うべきです。

## 基本動詞重要度ランキング 7

### よく使う表現
## set phrases

| □ put aside | ～を取って置く |
|---|---|

▶ Jane has put aside some of her pocket money to buy Christmas presents.
ジェーンはクリスマスプレゼントを買うために、お小遣いをためている。

| □ put... behind | ～を忘れる |
|---|---|

▶ He asked me to put everything behind us.
彼は何もかも忘れるようにと言った。

| □ put off | 延期する |
|---|---|

▶ We have decided to put off voting on the proposal until the next meeting.
提案についての採決を次の会議まで延期することにした。

**これも覚えよう!** put... off (不快にする；嫌悪感を持たせる)
The smell puts me off. (そのにおいが嫌いだ)

| □ put on | 身につける |
|---|---|

▶ Wait—I'm still putting my shoes on.
待って、まだ靴を履いているんです。

**これも覚えよう!** put on (ふりをする；太る)

| □ put up with | ～を我慢する |
|---|---|

▶ I don't think I can put up with the noise and smell from the factory anymore.
工場からの騒音とにおいには、もうこれ以上耐えられない。

## ☐ put down　　下ろす

▶ The book was so interesting I couldn't put it down till I finished it.
その本はとても面白かったので、全部読み終えるまでやめられませんでした。

＊本を下に置くことができない→読むことをやめられないという意味です。

**これも覚えよう!** put down（書き留める；(好物を) 安楽死させる）

## ☐ put through　　（電話を）つなぐ

▶ Hold on—I'll put you through.
お待ちください。おつなぎしますので。

## ☐ put together　　（考えを）まとめる；（機械などを）組み立てる

▶ We tried to put the parts together in vain.
パーツを組み立てようとしたが、できなかった。

### synonyms 類義語

● 置く
- ☐ place　☐ bring
- ☐ set　☐ settle
- ☐ position

● 負わせる
- ☐ impose　☐ levy
- ☐ inflict

● 〜させる
- ☐ assign　☐ make
- ☐ force

● 述べる
- ☐ express　☐ state

● 示す
- ☐ present　☐ forward
- ☐ offer　☐ propose

## 基本動詞重要度ランキング 8

# go

発音 【góu】　活用 go-went-gone

### コアイメージ 行く

どこかへ「行く」が基本で、そこからある場所へ「送る」、何らかの状態に「なる」などの意味が生まれてきます。

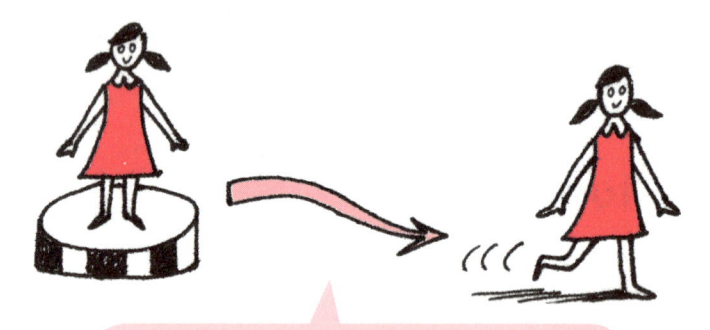

今いる場所を去って、どこか別の所へ「移る」イメージです。

## ☐ I want to **go** to Thailand next year.
**来年はタイに行きたい。**

---

**ポイント** go to ＋場所が基本です。go ～ ing も重要表現です。
例：**go shopping**（買い物に行く）、**go swimming**（泳ぎに行く）、**go fishing**（釣りに行く）

**ポイント** 決まった場所に「ある」、「送る」「渡す」という意味もあります。
例：**Where do these glasses go?**（グラスはどこにしまうの？）

**ポイント** be going to で決まっている予定を表現します。
例：**I'm going to (go to) Mumbai next Monday.**（来週月曜にムンバイに行きます）

# **go** の基本フレーズ

### ≫ 移動する

☐ It took me two hours to **go** ten kilometers.
10キロ行くのに2時間かかった。

☐ Pam has **gone** to live in Auckland.
パムはオークランドに移住した。

### ≫ 通じる・つながる

☐ This path **goes** to Mark's house.
この小道を行けば、マークの家に着きます。

### ≫ 機能する

☐ Do you know how to get this lawnmower to **go**?
この芝刈り機の動かし方、知ってる？

### ≫ 発展する・起こる

☐ Everything **went** fine until my parents came home.
両親が帰って来るまでは、何もかもうまく行っていたのに。

### ≫ 言う

☐ Then the story **goes** that the bad guy was the father of the hero.
それから物語は、その悪いヤツが、主人公の父親だったとなるんだ。

### ≫ 合う

☐ I'm wondering if this wine **goes**.
このワインでいいかな。

＊Do you think this goes?（これでいいでしょうか？）は、洋服を持って言えば、その服が場にふさわしいかという意味になります。

### ≫ 死ぬ・消える

☐ The batteries seem to be **going**.
電池が切れかけているようです。

055

## 基本動詞重要度ランキング 8

### よく使う表現
### set phrases

| ☐ **go ahead** | どうぞ |
|---|---|

▶ "May I sit here?" ここに座ってもよろしいですか？
"Sure, go ahead." もちろん、どうぞ。

＊「前へ進む」「先に進む」という意味もあります。

| ☐ **go on** | 起こる |
|---|---|

▶ What's going on here? いったい、何が起こっているの？

＊「〜し続ける」「始める」「暮らす」という意味もあります。

| ☐ **go over** | 見直す；繰り返して練習する |
|---|---|

▶ I want to go over the presentation tonight—I want it to be perfect.
プレゼンを今夜繰り返し練習したいんです。完璧にしたいので。

＊「〜を越えて行く」「超過する」「点検する」という意味もあります。

| ☐ **go through** | （困難なことを）体験する |
|---|---|

▶ She's amazing; after she went through such a hard time, she still keeps smiling.
彼女はすごい。あれだけ大変なことを経験した後なのに、ほほえみを絶やさない。

＊「通過する」「調べる」という意味もあります。

| ☐ **go with** | 調和する |
|---|---|

▶ Does this tie go with the shirt?
このネクタイ、このシャツと合うかな？

＊「〜と一緒に行く」「取り組む」「合意する」という意味もあります。

056

## ☐ go a long way to　〜するのに役立つ

▶ Your contribution will **go a long way to** help children in need.
寄付をいただければ、困っている子供達を助けるのに大いに役立ちます。

**これも覚えよう！** We have a long way to go. ((〜をするには) まだまだ長い道のりがある)

## ☐ go off　（アラームが）鳴る

▶ Did the alarm **go off**?　目覚まし鳴った？

＊「立ち去る」「持ち逃げする」「腐る」「質が悪化する」という意味もあります。

## ☐ Go for it!　頑張って！

＊「行ってみよう」「やりなさい」といった意味合いです。

### synonyms 類義語

●移動する
☐ move　☐ leave
☐ travel　☐ reach

●通じる・つながる
☐ lead　☐ connect

●機能する
☐ function　☐ operate
☐ perform　☐ work

●発展する・起こる
☐ develop　☐ happen

●言う
☐ say　☐ tell
☐ make a sound

●合う
☐ harmonize
☐ agree　☐ fit　☐ suit

●死ぬ・消える
☐ die　☐ expire
☐ perish　☐ disappear

●役立つ
☐ contribute　☐ avail
☐ serve

057

## 基本動詞重要度ランキング 9

# come

発音 [kʌ́m]　活用 come-came-come

### コアイメージ 来る

「来る」「近づく」が基本で、そこから何かが「起こる」「生じる」などの意味でも使われます。

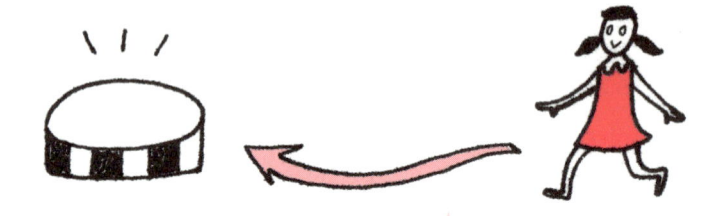

自分の方に、何かが向かって「来る」イメージです。

□ **I'm coming.**
今行きます。

---

**ポイント**　「食事ですよ」に対する返事「今行きます」は I'm coming. で、I'm going. とは言いません。また My family comes first with me.（私にとっては家族が１番大切である）は、家族が１番に来る感じでわかりやすいですね。

**基本動詞プラス！**
- □ How come?　なぜ？
- □ Here comes Gina.　ジーナがやってきた。
- □ Come again?　なんだって？／もう一度言ってみて？
- □ Come to think of it, ...　そういえば ...；考えてみれば ...
- □ when it comes to...　〜のことになれば

058

## **come** の基本フレーズ

### ≫ 動く・近づく
- **Come** and see me anytime.
  いつでも来てください。

### ≫ 着く
- I **came** to the door that led to the backyard.
  裏庭に通じるドアの所についた。

- The hot and humid summer finally **came** to an end.
  蒸し暑い夏も、ついに終わった。

### ≫ 起こる
- The time has **come** for us to conserve energy.
  エネルギー保護の時がやってきた。

- Things **came** up.
  用事が重なった。／いろいろなことが起こった。

### ≫ 生じる
- I heard men tend to like the feeling of power that **comes** from driving fast.
  男性は、スピードを出して運転することで感じる力強さを好むと聞いたことがあります。

### ≫ 達する・届く
- Don't worry—the water just **comes** to your knees.
  心配しないでください。水はひざくらいまでの高さです。

### ≫ 入手可能で
- This model **comes** complete with batteries.
  この型には電池がもれなくついてきます。

## 基本動詞重要度ランキング 9

### よく使う表現
### set phrases

| ☐ **come in** | 〜の形で売られている |
|---|---|

▶ Does this shirt **come in** black?
このシャツで、黒はないのですか？

**これも覚えよう!** come in handy (役立つ)

| ☐ **come across** | 〜という印象を与える |
|---|---|

▶ Karen **came across** as a very pleasant and charming girl.
カレンはとても元気で魅力的であるような印象を与えた。

**これも覚えよう!** How did you come by that? (なぜそう思うのですか？)

| ☐ **come down with** | 病気にかかる；病気で倒れる |
|---|---|

▶ I **came down with** the flu on the weekend.
週末はインフルエンザで寝込んでいました。

| ☐ **come over** | 感じる；〜を襲う |
|---|---|

▶ When I entered the room, a strange feeling **came over** me.
その部屋に入った時、妙な感じに包まれた。

| ☐ **come up with** | 思いつく |
|---|---|

▶ We have to **come up with** some good ideas by tomorrow.
明日までにはいい案を思いつかなくては。

## □ come off | 成功する

▶ It didn't **come off** as well as expected.
思ったほどは成功しなかった。

## □ come out | 〜という結果になる

▶ When do the test results **come out**?
テストの結果はいつ出るのですか？

＊「出て来る」「姿を現す」などの意味もあります。

---

### synonyms 類義語

**●動く・近づく**
- □ move  □ advance
- □ approach
- □ draw near

**●着く・現れる**
- □ arrive  □ appear
- □ show up

**●起こる**
- □ happen  □ occur
- □ take place

**●生じる**
- □ result  □ arise
- □ emanate  □ turn out
- □ emerge

**●達する・届く**
- □ reach  □ extend

**●入手可能で**
- □ be available
- □ be made
- □ be offered
- □ be produced

## 基本動詞重要度ランキング 10

# keep

発音 [kíːp]　活用 keep-kept-kept

### コアイメージ 保つ

モノや状態を「持ち続ける」が基本の意味で、そこから「〜し続ける」「蓄える」「守る」などの意味でも使われます。

何かを持ち、それを変化させないで、ずっと「保っておく」イメージです。

## □ I want to **keep** it that way.
それをそのまま保っておきたい。

---

**ポイント** keep ＋モノ「モノを保っておく」。例：**keep a record (diary)**（記録［日記］をつける）、**keep one's promise (word)**（約束を守る）

**ポイント** keep ＋〜ing「〜し続ける」。Keep ＋人＋〜ing「人に〜させ続ける」。例：**I'm sorry I've kept you waiting.**（待たせてしまい、すみませんでした）

**ポイント** keep ＋モノ・人＋ from ＋〜ing「モノ・人が〜するのを防ぐ」。例：**I'll try to keep it from happening again.**（それが二度と起こらないようにします）

# keep の基本フレーズ

### ≫ 保つ

- I **kept** in touch with Kevin for several years.
  ケビンとは数年間連絡を取り合った。

- He will be **kept** in the hospital for another week.
  彼はもう1週間入院しなくてはならないだろう。

### ≫ 蓄える

- I know my brother **keeps** some money under his mattress.　兄はお金をマットレスの下に取ってあるんだ。

### ≫ 世話をする

- Pat **keeps** two snakes and five huge spiders in her room.　パットは蛇2匹とクモ5匹を部屋で飼っている。

### ≫ 支える

- How can you **keep** five kids?
  どうやって5人もの子供を養えるのですか？

### ≫ ～に従う

- I hope you'll **keep** your promise this time.
  今回は約束を守ってください。

### ≫ 阻止する

- "What **kept** you?"　何があなたを止めたのか？→なぜ遅くなったの？
  "Sorry, I took the wrong path."
  ごめんなさい、道を間違えてしまって。

### ≫ 抑制する

- He **kept** a low profile, because he didn't want any attention.
  彼は注意をひきたくなかったので、目立たないようにした。

**これも覚えよう!** keep a low profile（目立たないようにする；低姿勢でいる）

063

## 基本動詞重要度ランキング 10

### よく使う表現 set phrases

---

### ☐ keep up with 〜に（遅れないで）ついていく

▶ Why do you think it's important to **keep up with** current news?
どうして時事問題に遅れずついていくことが、大切だと思うのですか？

**これも覚えよう!** keep up with the Joneses（隣人と張り合う；流行を追う）

＊ちなみに Jones は北米での一般的な姓です。

---

### ☐ keep off 近づかない

▶ You should **keep off** junk food.
ジャンクフードを控えるべきです。

＊ "KEEP OFF" は「立ち入り禁止」。keep out も「立ち入り禁止」の意味があります。

---

### ☐ keep on 〜し続ける

▶ Do you want to give up or **keep on** trying?
やめたいですか、それとも続けたいですか？

＊ on を使わず keep だけでもほぼ同意です。

**これも覚えよう!** keep on（話し続ける）　He kept on about his wife.（彼は奥さんの話をし続けた）

---

### ☐ keep to （規則などを）守る

▶ I've been **keeping to** my work schedule.
仕事の予定を守っている。

**これも覚えよう!** keep to the point（ポイントからそれないし続けた）

---

### ☐ keep a straight face まじめな顔をしている；笑いをこらえる

▶ It was very funny but I somehow managed to **keep a straight face**.
とてもおかしかったのだが、何とか笑いをこらえた。

064

## keep one's head — 冷静でいる

▶ They **kept their heads** even in the tragic situation.
ひどく悲劇的な状況にいる時でさえ、彼らは冷静だった。

## keep track of — ～の記録をつける

▶ I always **keep track of** my finances.
金銭の出納記録をきちんとつけている。

## keep one's fingers crossed — 幸運を祈る

▶ **Keep your fingers crossed** for me, will you?
幸運を祈ってね。

---

### synonyms 類義語

●保つ
- stay
- retain
- conserve
- maintain
- preserve

●蓄える
- store
- amass
- deposit
- pile

●世話をする
- look after
- care for
- protect
- tend

●支える
- support
- foster
- nourish
- sustain

●～を守る
- comply with
- observe
- fulfill

●阻止する
- stop
- block
- prevent
- delay

●抑制する
- control
- curb
- limit

## Review 1

### 基本編

**1** （　）に合う動詞を下から選んで入れましょう。必要があれば、文に合う形にしましょう。

> give  get  take  have  make  do  put  go  come  keep

☐ 1. I'm (　　　). （今行くよ）

☐ 2. (　　　) an umbrella. （傘を持って行きなさい）

☐ 3. I (　　　) my ways. （私なりの方法があるのです）

☐ 4. Where did you (　　　) that?
   （どこで手に入れたの？）

☐ 5. I want to (　　　) fishing this afternoon.
   （午後は釣りに行きたい）

☐ 6. Wine is (　　　) from grapes.
   （ワインはぶどうから作られます）

☐ 7. How are you (　　　)? （調子はいかがですか？）

☐ 8. Sorry I've (　　　) you waiting.
   （待たせてごめんね）

☐ 9. I'll (　　　) you another chance.
   （もう一度チャンスをあげよう）

☐ 10. Where did you (　　　) the newspaper?
   （新聞をどこに置いた？）

## 中級編

**1** 英語表現に合った日本語訳を選び、線で結びつけましょう。

□ 1.     give up   •   • 私の気を重くする

□ 2.     get me down   •   • 世話をする

□ 3.     take care of   •   • あきらめる

□ 4.     have second thoughts   •   • 決心する

□ 5.     make up one's mind   •   • 考え直す

□ 6.     put off   •   • (病気などに)かかる

□ 7.     go with   •   • 携帯電話なしですませる

□ 8.     come down with   •   • 延期する

□ 9.     keep off   •   • 調和する

□ 10.   do without a cell phone   •   • 近づかない

## 基本動詞重要度ランキング 1 > 10

# Review 1

## 中級編

**2-1** 日本語訳に合った英語表現になるように、（　）に適切な単語を選んで入れましょう。

against　aside　off　out　over　with

☐ 1. do away (　　　　) nuclear power
（原子力発電を排除する）

☐ 2. give (　　　　) a bad smell
（くさいにおいを発する）

☐ 3. get (　　　　) his death
（彼の死を乗り越える）

☐ 4. have (　　　　) him
（彼に恨みを抱いている）

☐ 5. make (　　　　) what you mean
（意味していることがわかる）

☐ 6. put (　　　　) some money
（金をいくらか取って置く）

**2-2** 以下の動詞を２回ずつ使って（　）に適切な単語を入れましょう。

> come　keep　put

☐ 1. (　　　　) up with a good idea
（良い案を思いつく）

☐ 2. (　　　　) up with the noise
（音を我慢する）

☐ 3. (　　　　) up with current news
（時事問題に（遅れないで）ついていく）

☐ 4. (　　　　) my shoes on
（靴をはく）

☐ 5. (　　　　) on trying
（試み続ける）

☐ 6. (　　　　) in three colors
（3色そろっている）

# 基本動詞重要度ランキング 1 > 10

## Review 1

### 上級編

**1** （　）に適切な動詞を1語入れて、日本語の意味に合った英文を完成させましょう。必要があれば文に合う形にしましょう。

> do　get　give　have　keep　make　take
>
> ※2回使う動詞もあります。

☐ 1. (　　　　) it a try. （やってごらん）

☐ 2. What are you (　　　　) at? （何が言いたいの？）

☐ 3. What (　　　　) you so long?
（何でそんなに時間がかかったのですか？）

☐ 4. "What (　　　　) you?"
（なぜ遅くなったの？）

"Sorry, I took the wrong path."
（ごめんなさい、道を間違えてしまって）

☐ 5. Thank you. You've (　　　　) my day.
（ありがとう。助かったよ）

☐ 6. Let's (　　　　) Tokyo Tower tomorrow morning.
（明日の朝、東京タワーへ行きましょう）

☐ 7. You (　　　　) me there.
（痛い所をつかれました／わかりません）

☐ 8. It doesn't (　　　　) any sense. （それはおかしいです）

**2** （　）内の動詞を使って、次の日本語を表現しましょう。

☐1. このように言い換えてみましょう。（put）

☐2. 約束します。（give）

☐3. ゆっくりどうぞ。（take）

☐4. 頑張って！（go）

☐5. いろいろな事が起こりました。（come）

## 基本動詞重要度ランキング 1 ▶ 10
## 解答　Review 1

### 基本編　　　　　　　　　　　　　　　　　　　　　　　　　　　P. 66

**1**

1. **coming**
   ＊I'm going. とは言わずに、相手のほうに自分が来るよ、という気持ちです。
   ◎ come 58ページ参照

2. **Take**
   ＊傘を別の場所に移す＝「持っていく」のでtakeを使いましょう。bringを使う人もいますが、takeが正しいとするネイティブが多いです。◎ take 28ページ参照

3. **have**
   ＊自分の方法を「持っている」というのが直訳です。◎ have 34ページ参照

4. **get**
   ＊getの基本である意味「手に入れる」です。◎ get 22ページ参照

5. **go**
   ＊goの基本である意味「行く」です。泳ぎに行く、買い物に行く、などもスラスラ言えるでしょうか？ ◎ go 54ページ参照

6. **made**
   ＊makeの基本である「作る」という意味で、be made from... は「〜から作られている、できている」という意味になります。◎ make 40ページ参照

7. **doing**
   ＊doの基本である「する」という意味で、「どうしている？」と聞く場合の定番表現です。
   ◎ do 46ページ参照

8. **kept**
   ＊keep you waitingで、あなたを待たせる状態に保っておく→待たせ続けるという意味になります。I have kept はhave＋過去分詞で現在完了形「待たせてしまった」という意味合いを出します。◎ keep 62ページ参照

9. **give**
   ＊giveの基本である「与える」という意味で使われています。◎ give 16ページ参照

10. **put**
    ＊putの基本である「置く」という意味で使われています。◎ put 50ページ参照

### 中級編　　　　　　　　　　　　　　　　　　　　　　　　　　P. 67 - 69

**1**

1. **give up**　あきらめる
   **これも覚えよう！** **give up on** ((人／モノ) に見切りをつける；愛想を尽かす；見捨てる)

2. get me down　私の気を重くする
   *落ち込むという意味合いにぴったりの表現です。
3. take care of　世話をする
4. have second thought(s)　考え直す
5. make up one's mind　決心する
   *decideと同意です。
6. put off　延期する
   *postponeと同意です。
7. go with　調和する
   *matchと同意です。
8. come down with　（病気などに）かかる
9. keep off　近づかない
   *離しておく、寄せ付けないという意味合いもあります。
10. do without a cell phone　携帯電話なしですませる

### 2-1

1. do away with
   *「廃止する」「処分する」「捨てる」といった意味合いです。
2. give off
   *においのみでなく、熱や光、雰囲気などにも使えます。
3. get over his death
   *「（病気などが）治る」「（ある距離を）進む」などの意味もあります。
4. have against
   *反対するという意味でも使われます。
5. make out
   *「作り上げる」「見せかける」「成功する」などの意味もあります。
6. put aside some money
   *「無視する」「やめる」などの意味もあります。

### 2-2

1. come up with　思いつく
   *「近づく」「見つけ出す」などの意味もあります。

## 基本動詞重要度ランキング 1 > 10
## 解答　Review 1

2. put up with　我慢する
   ＊「～の家に泊まる」という意味もあります。

3. keep up with　（遅れないで）ついていく
   ＊「最新情報に通じている」「（支払いなどを）滞納しない」などの意味もあります。

4. put on　はく
   ＊「太る」「（態度などを）装う、ふりをする」など、いろいろな意味があります。

5. keep on　続ける

6. come in　そろっている
   ＊「～の形で売られている」という意味を問題にしましたが、「（部屋などに）入る」「参加する」などいろいろな意味があります。

### 上級編　　　　　　　　　　　　　　　　　　　　　　　P. 70 - 71

**1**

1. Give
2. getting
3. took
4. kept
   ＊「何があなたをとどめていたのか → ここへ来るのが遅かったではないですか」という意味合いで、3番と似ています。
5. made
6. do
7. have / got
   ＊この場合haveもgetも同じ意味合いで使えます。
8. make

**2**

1. Let me put it this way.
2. I'll give you my word.
3. Take your time.
4. Go for it!
5. Things came up.

074

## 第2章
# 基本動詞重要度ランキング
# 11 >>> 30

## 基本動詞重要度ランキング 11

# run

発音【rʌ́n】 活用 run-ran-run

**コアイメージ 走る**
足を使って、歩くよりは速く移動することです。

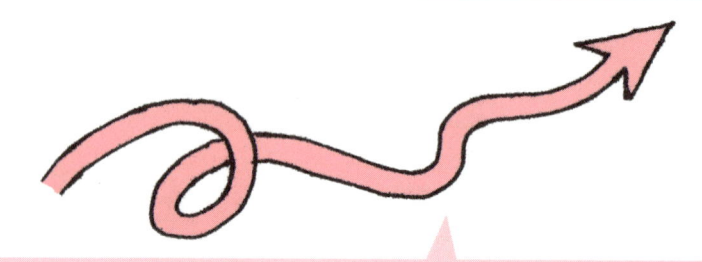

ゆっくりになったり、素早くなったりしつつ、前へ進んでいますが、一直線というよりは、幅も少々あるイメージです。

☐ **I run about four kilometers every morning.**
私は毎朝4キロ走る。

**ポイント** 人が「走る」、バスなどが「運行する」が run の基本です。

**ポイント** 会社や店などを動かす、つまり「経営する」という意味でも用いられます。例: **run a book store**（本屋を営む）、**a state-run hospital**（国立病院）

**基本動詞プラス！**
☐ **run a machine** 機械を稼動させる
☐ **run for mayor** 市長選に出馬する
☐ **run a test** テストを行う

# **run** の基本フレーズ

## ≫ 走る・逃げる

☐ I have to **run**. 急がなくては。
　＊ I gotta run./ I've got to run. なども同様の意味です。

☐ I **ran** in a local race the other day.
　先日地元で行われたレースで走りました。
　**これも覚えよう!** run on schedule（スケジュール通り運行する）
　＊バスや列車が「運行する」のも run で表現できます。

## ≫ 経営する

☐ My grandparents used to **run** a Japanese restaurant in California.
　私の祖父母はカリフォルニアで日本料理店を経営していました。

## ≫ 稼動する

☐ You need a license to **run** this machine.
　この機械を操作するには免許が必要です。
　**これも覚えよう!** running cost（ランニング・コスト；維持費；運営経費）

## ≫ 行う・管理する

☐ They are **running** tests on the product.
　彼らはその製品をテストしているところだ。
　＊ test run（運転走行）の run は名詞です。
　**これも覚えよう!** run anti-virus software（ウイルス対策のソフトを実行する）

## ≫（水などが）流れる

☐ I felt sweat **running** down my back.
　背中に汗が流れ落ちるのを感じました。

☐ The T-shirt **ran** when I washed it.
　洗ったら、Tシャツの色が落ちた。
　＊「色落ちする」「(色が) にじむ」という意味もあります。

第2章

## 基本動詞重要度ランキング 11

### よく使う表現
### set phrases

□ **run for** ～に立候補する

▶ A comedian is **running for** governor of Osaka.
コメディアンが大阪知事に立候補している。

□ **run away** 逃げ出す

▶ I always **run away** from problems.
問題からはいつも逃げ出してしまいます。

**これも覚えよう!** run away [off] with (～と逃げる；駆け落ちする)

＊run away with の後に賞や競技会などが続いていたら、それらの賞を獲得したり競技会で勝つことを意味します。

□ **run down** 強く批判する

▶ The journalist **ran down** the politicians who allegedly accepted political donations from illegal sources.
そのジャーナリストは、不法ルートから政治献金を受け取ったとされる政治家達を強く批判した。

＊「減らす」という意味でも用いられます。

□ **run out** 使い果たす；時間がなくなる

▶ Sorry to interrupt you, but we are **running out** of time.
遮ってすみませんが、時間がありません。

**これも覚えよう!** run short (使い果たす；不足する)　run low (残り少なくなる)

□ **run through** ザッと目を通す；リハーサルをする

▶ Let's **run through** it again after the break.
休憩の後、これにザッと目を通しましょう。

＊他にも「～を通っている」「経験する」など多様な用い方ができます。

078

## ☐ run over　　　（車で人や動物などを）ひく

▶ Jerry's dog was **run over** by a car.
ジェリーの犬が車にひかれたんです。

＊ run through と同じ「ザッと目を通す」「リハーサルをする」といった意味もあります。

### ◯ その他便利な表現

☐ **I'll go and run a bath.**　お風呂にお湯をはってきます。
**これも覚えよう!** run water for a bath（風呂に湯をはる）

☐ **My nose is running.**　鼻水が出る。
**これも覚えよう!** have a runny [running] nose（鼻水が出る）

☐ **run a fever / temperature**　熱が出る

☐ **run across**　～に偶然出会う；～を横切る

---

### synonyms 類義語

● 走る
☐ race　☐ dash　☐ jog

● 逃げる
☐ flee　☐ escape

● 経営する
☐ operate　☐ go
☐ be in charge of

● 稼働する
☐ work　☐ function
☐ perform

● 行う・管理する
☐ manage
☐ administer

●（水などが）流れる
☐ flow　☐ cascade

● 出版される
☐ publish　☐ print

## 基本動詞重要度ランキング **12**

# break

発音 [bréik]　活用 break-broke-broken

### コアイメージ 壊す

何かを打ちつけたり、折り曲げたり、落としたりして「壊す」が基本です。

ハートやカップが2つに割れたり折れたり、バラバラになってしまったりして壊れているイメージです。

## ☐ I **broke** my leg.
足の骨を折った。

---

**ポイント** 主語は、人でもモノでもOK。My car has **broken** down.（車が故障した）と通常表現します。My car is **broken**. は「誰かに壊された」イメージで、あまり用いられません。

**ポイント** 法律や約束などを「破る」「犯す」などの意味でも使われます。
例：**break a law**（法律を破る）、**break a promise**（約束を破る）、**break the news**（ニュースを伝える）

### 基本動詞プラス！
☐ break A into pieces　Aを粉々に壊す
☐ break A in half　Aを半分に折る

080

# **break** の基本フレーズ

### ≫ 壊す

☐ Who **broke** my electronic dictionary?
誰が私の電子辞書を壊したの？

### ≫ 折る

☐ While playing soccer, Tim **broke** his leg.
サッカーをしていて、ティムは足の骨を折った。

### ≫ 破る

☐ Alison never **breaks** a promise.
アリソンは決して約束を破らない。

☐ Go for it! You can **break** the record!
頑張れ！記録を塗り替えることができるぞ！

☐ I just wanted to **break** the ice by offering her some chocolate, but she said no.
チョコをあげて会話の糸口にしたかったが、彼女はいらないと言った。

### ≫ （ニュースを）知らせる

☐ We have to **break** it to them, because they have the right to know the truth.
彼らに知らせなくては。本当のことを知る権利があるのだから。

### ≫ やめる

☐ How about taking turns driving, so we can **break** the monotony?
順番に運転を代わるのはどう？そうすれば単調じゃなくなるよ。

### ≫ だめにする

☐ This scandal might **break** the politician.
このスキャンダルで、あの政治家もだめになるかもしれない。

## 基本動詞重要度ランキング 12

### よく使う表現
### set phrases

| □ **break out** | （戦争、火事などが）起こる |

▶ Teachers were worried that violence would break out again.　教師達は、また暴力沙汰が起こるのではないかと心配していた。

＊「（汗などが）吹き出す」「怒りだす」などの意味もあります。

**これも覚えよう!** break out in a rash（発疹ができる）

| □ **break up** | （男女が）別れる |

▶ I heard John and Sasha broke up—I thought they were such a happy couple.
ジョンとサーシャ、別れたんだって。幸せそうなカップルだったのに。

＊「壊れてバラバラになる」「解散する」「大笑いする」などの意味があります。

| □ **break off** | 取れる；途中でやめる；関係を絶つ |

▶ Kelly told him that she wanted to break off their engagement.　ケリーは、婚約を解消したいと彼に言った。

| □ **break down** | 壊れる；参る；分解する |

▶ If you work too hard, you'll break down.
働き過ぎは、体を壊しますよ。

＊健康面、精神面の両方に使えます。

| □ **break into** | 割り込む |

▶ I'm sorry to break into your conversation, but Mr. Dowson is on line 3.
お話中すみませんが、ドーソン氏から3番にお電話です。

**これも覚えよう!** break into tears（ワッと泣き出す）
　　　　　　　break into laughter（ドッと笑い出す）

## ◯ その他便利な表現

□ **break through**　打ち破る；切り開く
名 breakthrough 突破口；大発見；大進歩

□ **break one's neck (back / leg)**　一生懸命頑張る

□ **break one's heart**　ハートを壊す→がっかりさせる；悲しませる
＊場面によっては、"You're breaking my heart!" と言えば、冗談や「全然悲しくない」「平気だよ」という意味になることもあります。

□ **break even**　収支が合う
名 break-even (point) 収益分岐点

## synonyms 類義語

● 壊す
□ destroy　□ separate
□ crash　□ demolish
□ divide

● （法律などを）破る・犯す
□ disobey　□ breach
□ infringe　□ violate

● （記録などを）破る
□ beat　□ batter
□ exceed

● （ニュースを）知らせる
□ reveal　□ announce
□ inform　□ make public

● やめる
□ stop　□ abandon
□ discontinue

● 弱める
□ weaken　□ tame
□ undermine

● 弱める
□ reduce　□ cushion
□ diminish

● だめにする
□ ruin

● 起こる
□ happen　□ appear
□ occur

## 基本動詞重要度ランキング 13

# hold

発音 【hóuld】　活用 hold-held-held

コアイメージ 握る

しっかりと「握る」「つかむ」、壊れないようにやさしく「持つ」「包み込む」などが基本です。

何かを手のひらや腕で、しっかりと抱いたり包み込んだりしているイメージです。

☐ **The man was holding a baby in his arms.**
その男性は赤ん坊を抱いていた。

**ポイント1** 握ったり抱いたりする時間が長くなれば、その状態を「保つ」という意味になります。例：**hold the door open for someone**（ドアを人のために開けておく）、**hold a position (rank / job)**（仕事や地位を保つ）

**ポイント2** 「所有する」という意味もあります。例：**hold a piece of land**（土地を所有する）、**hold shares**（株を所有している）

基本動詞プラス！
☐ **The ice holds.** 氷が持ちこたえる。
＊人が乗っても割れない状態です。

084

# **hold**の基本フレーズ

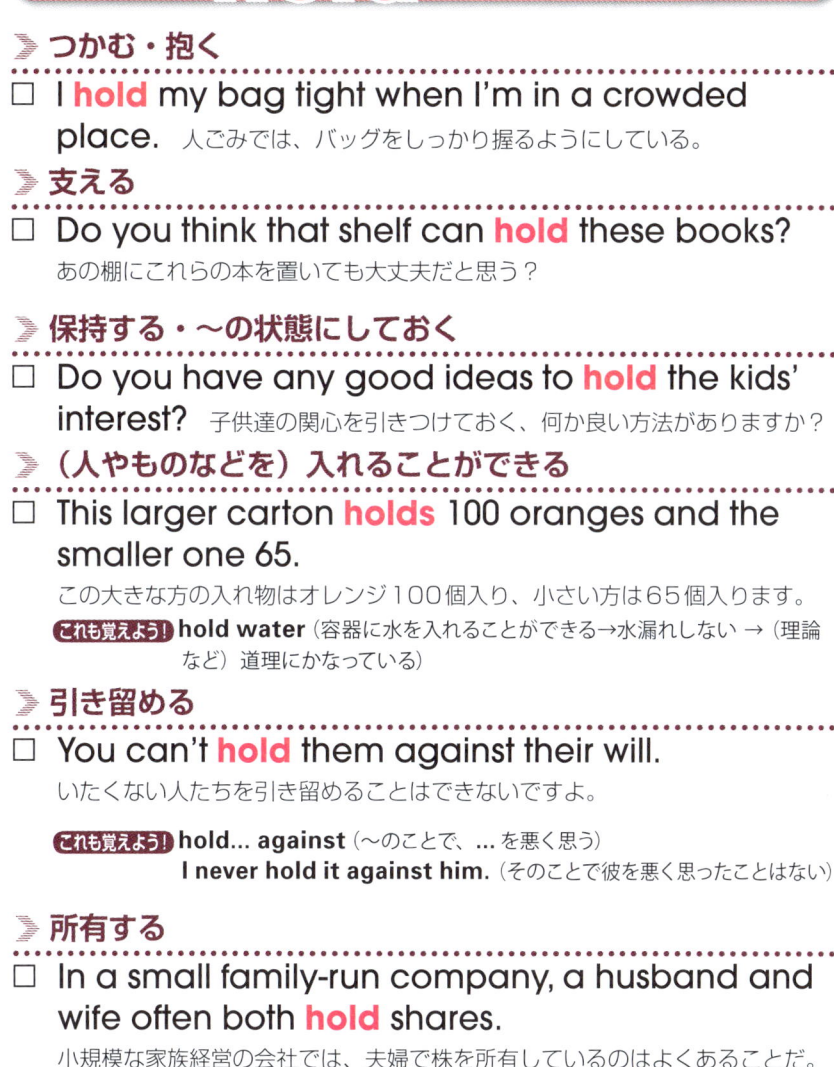

## ≫ つかむ・抱く
- I **hold** my bag tight when I'm in a crowded place. 人ごみでは、バッグをしっかり握るようにしている。

## ≫ 支える
- Do you think that shelf can **hold** these books?
あの棚にこれらの本を置いても大丈夫だと思う？

## ≫ 保持する・〜の状態にしておく
- Do you have any good ideas to **hold** the kids' interest? 子供達の関心を引きつけておく、何か良い方法がありますか？

## ≫ （人やものなどを）入れることができる
- This larger carton **holds** 100 oranges and the smaller one 65.
この大きな方の入れ物はオレンジ100個入り、小さい方は65個入ります。

  **これも覚えよう！** hold water（容器に水を入れることができる→水漏れしない →（理論など）道理にかなっている）

## ≫ 引き留める
- You can't **hold** them against their will.
いたくない人たちを引き留めることはできないですよ。

  **これも覚えよう！** hold... against（〜のことで、...を悪く思う）
  I never hold it against him.（そのことで彼を悪く思ったことはない）

## ≫ 所有する
- In a small family-run company, a husband and wife often both **hold** shares.
小規模な家族経営の会社では、夫婦で株を所有しているのはよくあることだ。

## ≫ （考えや感情を）心に抱く
- I can't be **held** responsible for what Emma says.
エマが言うことに責任を持てません。

  **これも覚えよう！** hold... responsible [accountable]（... が〜に対して責任があると思う）

085

## 基本動詞重要度ランキング 13

### よく使う表現 set phrases

| □ **hold up** | 持ちこたえる |
|---|---|

▶ How are you **holding up**?
元気でやっていますか？

＊以前と同じように頑張っているか、という意味合いで挨拶に使われます。ほかに「耐える」「(何かを)持ち上げる」などの意味があります。

**これも覚えよう！** hold up the bank（銀行を襲う）
Your argument holds up.（君の言うことはもっともだ、真実だ）

| □ **hold back** | 抑制する |
|---|---|

▶ I wanted to cry, but somehow I **held back**.
泣きたかったが、何とかこらえた。

＊他に「正直に言わない」「後のために取っておく」などの意味があります。

| □ **hold on** | 頑張る |
|---|---|

▶ Let's **hold on** together, then we'll be able to achieve our goal.
一緒に頑張ろう、そうすれば目標を達成できるよ。

| □ **hold out** | (手を)伸ばす；差し出す |
|---|---|

▶ **Hold out** your cup for a refill.
おかわりを入れるので、カップを差し出して。

| □ **hold your breath** | 息を止める |
|---|---|

▶ I was **holding my breath** when my son made a speech.
息子がスピーチをした時は、かたずを飲みました。

＊文字通り「息を止める」という意味から、「かたずを飲む」「期待して待つ」「驚かせる」などの意味があります。

## ○ その他便利な表現

- □ Hold it! 動くな！／そのまま！／ちょっと待って！
- □ Hold your tongue. 黙っていなさい。
- □ hold off 寄せ付けない；先延ばしにする
- □ get hold of 手に入れる；連絡を取る

\* Get hold of yourself.（しっかりしてくれ）
\* get ahold of も同意です。

- □ can't hold a candle to ～と比べ物にならない
- □ what the future holds 将来待ち受けていること
- □ hold... at bay ～を寄せ付けない
- □ hold down 押し下げる；抑制する
- □ hold down two jobs 2つの仕事をしている

### synonyms 類義語

●つかむ・抱く
- □ grasp  □ grip
- □ cling  □ embrace

●支える
- □ support  □ sustain

●保持する・～の状態にしておく
- □ continue  □ preserve
- □ stay  □ keep

●（人やものなどを）入れることができる
- □ accommodate
- □ contain

●引き留める
- □ restrain  □ arrest
- □ confine  □ suspend

●所有する
- □ own  □ have
- □ possess

●（考えや感情を）心に抱く
- □ consider  □ think
- □ assume  □ believe
- □ maintain

●（会などを）開催する
- □ convene
- □ assemble  □ conduct

## 基本動詞重要度ランキング 14

# pass

発音 【pǽs】　活用 pass-passed-passed

**コアイメージ　通る**

立ち止まることなく、ある地点を「過ぎ去る」が基本です。

何かがある方向へ動き、移動途上にある
いろいろなものを通り過ぎていくイメージです。

## ☐ A car **passed** me.
**車が私の横を通っていった。**

**ポイント**　時間や年月が過ぎ去る場合にも pass を使います。「法案」などを通過させる場合にも pass が使えますが、「見送る」「何もしない」という意味もあるので文脈に注意しましょう。

**ポイント**　「渡す」という意味で pass が使われることもあります。
例：**Could you pass me the salt, please?**（塩を取ってくれませんか？）

---

**基本動詞プラス！**

☐ **pass a test**　テストに合格する
＊テストという地点を通過し、次の段階へと進む pass のイメージにぴったりです。

## passの基本フレーズ

### ≫ 通る
☐ I prefer to sit in a café and watch people **passing** by.
カフェに座って通り過ぎる人々を見るのが好きだ。

### ≫ 合格する・認められる
☐ Although I made some mistakes, the professor **passed** me.
いくつかミスをしたにも関わらず、教授は私を合格にしてくれた。

### ≫ 認める・可決する
☐ The bill **passed** by a majority vote.
その法案は、過半数の票を得て可決された。

### ≫ 過ごす・経験する
☐ They **passed** the time playing cards in the living room.
彼らは居間でトランプをして過ごした。

### ≫ 〜を超える
☐ I wish my income would **pass** the $100,000 mark.
お給料が10万ドルを超えるといいのに。

### ≫ 飛ばす・無視する
☐ I think I'll have to **pass** this time.
今回は、やめておきます。

### ≫ 話す・伝える・宣告する
☐ The judge **passed** sentence on Mr. Evans yesterday.
裁判官は昨日エヴァンス氏に判決を言い渡した。

### ≫ 終わる・消失する
☐ Don't worry, this thunderstorm will **pass** soon.
心配しないで。この雷雨はすぐにやむので。

## 基本動詞重要度ランキング 14

### よく使う表現 set phrases

#### □ pass for (as) ～で通用する

▶ You haven't changed a bit—I'm sure you will **pass for** 20s.
全然変わってないですね。間違いなく20代で通用しますよ。

#### □ pass around 順に回す

▶ Can you **pass around** the jug?
水差しを順番に回してくれますか？

**これも覚えよう！** pass around a document（文書を回す）
　　　　　　　　 pass around beer to one's guests（客にビールをすすめる）

#### □ pass away 亡くなる

▶ He **passed away** three years ago.
彼は3年前に亡くなりました。

＊die（死ぬ）と直接的に言うのを避ける婉曲表現です。

#### □ pass up 見逃す；断る

▶ How could I **pass** it **up**?
見逃せないです。／とても良いチャンスです。

＊「どうしてそれを見逃せるでしょうか→見逃せない（ほど良い）」ということです。

#### □ pass out 意識を失う

▶ Kate **passed out** drunk last night.
ケイトは昨夜酔いつぶれた。

＊「出て行く」「配る」などの意味もあります。

## ○ その他便利な表現

- □ **pass off** 行事などが無事に終了すること
- □ **pass over** 経過する；見逃す；大目に見る
- □ **pass the buck** 責任転嫁する
- □ **pass the hat** 寄付を募る

＊帽子を回してそこにお金を入れてもらったことからできた表現で、小額の寄付を集める場合に用いられます。

- □ **make a pass at you** 異性を口説く
- □ **pass judgment** 判定を下す

---

### synonyms 類義語

**●通る**
- □ go by  □ depart
- □ leave  □ move

**●合格する・認められる**
- □ succeed  □ qualify
- □ suit  □ get through

**●認める・可決する**
- □ approve  □ accept
- □ authorize

**●過ごす・経験する**
- □ spend  □ devote
- □ occupy  □ undergo

**●〜を超える**
- □ exceed  □ beat
- □ go beyond  □ outdo

**●飛ばす・無視する**
- □ ignore  □ disregard
- □ neglect  □ omit

**●話す・伝える・宣告する**
- □ say  □ communicate
- □ pronounce
- □ declare  □ deliver

**●終わる・消失する**
- □ end  □ cease
- □ disappear
- □ terminate

## 基本動詞重要度ランキング 15

# raise

発音 【réiz】　活用 raise-raised-raised

**コアイメージ 上げる**
何かを今の位置より高い場所に動かすことが基本です。

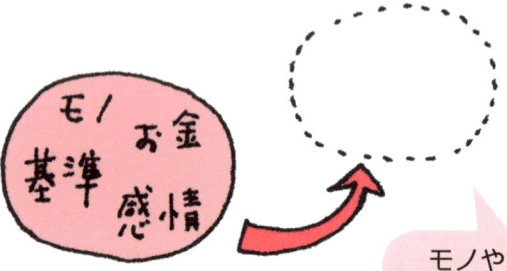

モノ 基準 お金 感情

モノやお金、基準、感情など現在の位置より高いところに移すイメージです。

□ **I raised my hand to ask a question.**
質問をするために挙手した。

**ポイント** 何かを「持ち上げる」、「高いところへ動かす」という意味の raise は、lift よりフォーマルな語です。

**ポイント**「高める」「より良くする」という意味もあります。
例：**raise the rent**（家賃を上げる）**raise people's morale**（人々の士気を高揚させる）、**raise the standard of life**（生活水準を向上させる）、**raise one's voice**（声を荒げる）

**基本動詞プラス！**
□ **raise a child**　子ども育てる
□ **raise money**　資金を調達する
□ **raise hopes**　希望を抱かせる

092

# raise の基本フレーズ

### ▶ 上（挙）げる
- The students **raised** the school flag when beginning the competition.
  生徒達は大会を始める時、校旗を掲揚した。

### ▶ 増やす
- My landlady **raised** the rent—I'll have to work overtime to get more money.
  大家さんが家賃を上げたので、残業してもっとお金を稼がないと。

### ▶ 集める
- The charity event was held to **raise** funds for children with leukemia.
  白血病を患う子供達のための資金を集めるための慈善行事が行われた。
  これも覚えよう！ **fund-raising**（資金集め（の））

### ▶ 引き起こす
- The accident has **raised** questions again about the safety of nuclear power plants.
  その事故で、原発の安全性について再び疑問が生じている。

### ▶ 育てる
- So you were born and **raised** in Tokyo?
  で、東京で生まれ育ったのですか？

### ▶ 作る・立てる
- The monument was **raised** to commemorate the city's 100th anniversary.
  その市の100周年を祝い、記念碑が作られた。

### ▶ 改善する
- It's urgent to **raise** hygiene conditions in that area.
  直ちに、その地域の衛生状態を良くしなくては。

## 基本動詞重要度ランキング 15

### よく使う表現
**set phrases**

---

☐ **raise awareness (consciousness / hopes)**　関心［意識／希望］を高める

▶ The singer's death **raised awareness** of incurable diseases.
その歌手が死んだことで、不治の病に対する関心が高まった。

☐ **raise a point for**　〜の点を提起する

▶ I'd like to **raise a point for** discussion.
議題を提案したいと思います。

☐ **never (not) raise (lift) a finger**　何もしない；手伝わない

▶ You **never raise a finger** to help your colleagues.
同僚を手伝おうとしないんですね。

＊通常否定形で用いられます。

☐ **raise one's eyebrows**　驚かせる；眉をひそめる

▶ His hairstyle and clothes **raised** more than a few eyebrows.
彼の髪型と洋服に驚いた人が少なからずいた。

＊ eyebrow【áibràu】の発音に注意しましょう。

☐ **raise one's glass**　グラスをかかげる；乾杯する

▶ Everyone **raised** their glasses to make a toast.
誰もが乾杯をするために、グラスをかかげた。

＊ everyone は単数扱いなので、he または she で受けて来ましたが、最近は性差のない they で受けるのが主流です。

## ◯ その他便利な表現

- □ **raise a siege (embargo)** 包囲［禁輸］を解く
- □ **raise alarm** 不安を引き起こす
  **これも覚えよう!** **raise an alarm**（警報を発する）
- □ **raise hell** わめく；大騒ぎをする
- □ **raise a laugh** 笑わせる
- □ **raise the roof** 大騒ぎする；ドッと歓声を上げる；激怒する

＊この表現は怒っている場合にも、楽しくて大騒ぎをしている場合にも用いられます。

## synonyms 類義語

### ●上（挙）げる
- □ lift  □ elevate
- □ hoist  □ move up
- □ uplift

### ●増やす
- □ increase  □ amplify
- □ augment  □ boost

### ●集める
- □ collect  □ assemble
- □ form

### ●引き起こす
- □ cause
- □ bring about
- □ engender
- □ produce  □ evoke

### ●育てる
- □ bring up  □ develop
- □ nurture

### ●飼育する
- □ grow  □ breed
- □ cultivate

### ●作る・立てる
- □ build  □ construct
- □ put up

### ●促進する・昇格させる
- □ promote  □ upgrade

### ●改善する
- □ improve  □ enhance

095

## 基本動詞重要度ランキング 16

# cover

発音 [kʌ́vər]　活用 cover-covered-covered

コアイメージ 覆う

テーブル・カバーが、下にあるテーブルを傷から守ったり隠したりするように、cover は目的を持って「覆う」が基本です。

何かを覆って、守ったり隠したりしているイメージです。

## □ **Cover** me!
援護しろ！

**ポイント** 基本例文は、銃弾戦に飛び込む時の表現です。「援護射撃をする」という意味です。病欠や旅行などで職場にいない同僚に代わって、「仕事を引き受ける」場合にも cover を用います。

**ポイント** 保険や法律が「適用する」、ある距離を「移動する」「旅する」、講師が「講義する」なども cover を使います。例：**Does this insurance policy cover damage caused by earthquakes?**
（この保険は地震による被害にも適用されますか？）

基本動詞プラス！
□ cover up the crime　犯罪を隠ぺいする
□ cover my sorrow　悲しみを隠す

# **cover** の基本フレーズ

### ≫ 覆う・包む
☐ Do you have a cloth or blanket to **cover** the sofa?　ソファを覆う布か毛布か、ありますか？

### ≫ 覆いつくす
☐ He picked up the book that was **covered** with dust.　彼はほこりまみれの本を手に取った。

### ≫ 進む・通る
☐ We drove more than 300 kilometers today—we **covered** a lot of ground.
今日300キロ以上運転したよ。ずいぶん進んだね。
**これも覚えよう！** cover a lot of [much] ground（大進歩をとげる；多岐にわたる）

### ≫ 守る
☐ This travel insurance policy also **covers** you and your family against theft.
この旅行保険は、あなたとご家族が盗難にあった場合も補償します。

### ≫ 含む
☐ This book **covers** important topics in research methodology.　この本は研究方法論における重要点を扱っている。

### ≫ 詳しく述べる
☐ The journalist **covered** the bribery case in full detail.　ジャーナリストは、その不正事件について詳述した。

### ≫ 償う・相殺する
☐ The company raised their prices to **cover** the cost of production.
その会社は、生産コストをまかなうため、値上げした。

☐ Is it enough to **cover** the ticket you paid?
これで、あなたが払ってくれたチケット代を払うのに十分ですか？

## 基本動詞重要度ランキング 16

### よく使う表現
### set phrases

---

#### ☐ cover up　　　隠す

▶ I guess they are lying to **cover up** something wrong.
彼らは、何か悪いことを隠そうとして嘘をついていると思う。

**これも覚えよう!** cover up for (〜をかばう)

---

#### ☐ cover for　　　人の代わりをする

▶ I'm willing to **cover for** you while you're on vacation.
あなたが休暇の間、喜んで代わりをつとめます。

---

#### ☐ take cover　　　避難する

▶ We **took cover** under a big tree until it stopped raining.
雨がやむまで、大きな木の下で雨宿りした。

**これも覚えよう!** take off the cover (カバーを取る)

---

#### ☐ cover all (the) bases　　　準備万端にする

▶ I **covered all the bases** in the Japanese course for foreign students.
私は、外国人学生のための日本語講座に関し、万全の準備をした。

＊「多くの要素（項目）を扱う」「そつがない」などの意味にもなります。

---

#### ☐ blow one's cover　　　〜の正体を暴露する

▶ Henry's been pretending he's a nice guy—I want to **blow his cover**.
ヘンリーは、いい人ぶってる。正体をばらしてやりたいものだ。

098

## ◯ その他便利な表現

□ **break cover**　正体を現す

＊動物が、隠れていた場所から突然出て来る場合にも用いられます。

□ **under cover**　隠されて

**これも覚えよう!** under (the) cover of darkness（暗闇に紛れて）

＊形容詞としては undercover と1語になり、「秘密の」という意味になります。

---

## synonyms 類義語

● **覆う・包む**
- □ dress
- □ wrap
- □ envelope
- □ put on
- □ clothe

● **覆いつくす**
- □ submerge
- □ engulf
- □ flood

● **進む・通る**
- □ travel over
- □ cross
- □ traverse

● **守る**
- □ protect
- □ defend
- □ guard
- □ shelter

● **扱う・含む**
- □ deal with
- □ include
- □ contain

● **詳しく述べる**
- □ report
- □ describe
- □ detail

● **償う・相殺する**
- □ make up for
- □ balance
- □ compensate
- □ offset

● **隠す**
- □ conceal
- □ cover up
- □ disguise
- □ camouflage

## 基本動詞重要度ランキング 17

# cut

発音 【kʌ́t】　活用 cut-cut-cut

### コアイメージ 切る

1つのものをいくつかに切り分けることが基本です。

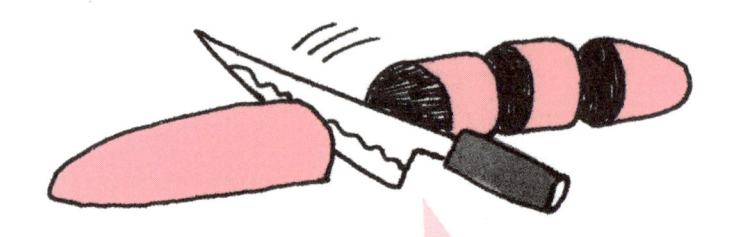

ナイフなどで何かを切ることが基本のイメージです。

## ☐ He cut the cake into four.
彼はケーキを4つに切った。

**ポイント**　「削る」「傷つける」「短くする」も意味します。
　例：**I had my hair cut.**（髪を切ってもらった）

**ポイント**　時間や費用の短縮・縮小なども表現できます。
　例：**cut costs**（コストの削減）、**cut short**（早く切り上げる）

### 基本動詞プラス！
☐ **Cut it out.**　やめてよ。
☐ **cut school**　授業をさぼる

100

# **cut** の基本フレーズ

### ≫ 切る・傷つける

☐ Shall I **cut** you a piece of cake, June?
ジューン、ケーキを切ってあげましょうか？

☐ I **cut** my finger when I was fixing dinner.
夕食を用意している時に、指を切ってしまった。

☐ It was painful to see a lot of trees being **cut** down.
たくさんの木が切り倒されるのをみているのは、つらかった。
＊ cut down には切り倒すという意味以外に「値下げする」「縮小する」という意味もあります。

### ≫ 刈る

☐ How about taking turns to **cut** the grass?
交代で草を刈るっていうのはどう？

### ≫ 減らす・短くする

☐ The boys **cut** across the woods and shortened their route to the village.
少年達は森を横切り、村への経路を短縮した。
これも覚えよう！ cut corners（近道をする；節約をする）

☐ The country needs to **cut** its emissions of carbon dioxide drastically.
その国は二酸化炭素排出量を大幅に削減する必要がある。

### ≫ 供給を止める

☐ They will **cut** (off) the electricity supply unless you pay the bill right away.
すぐに電気代を支払わなければ、電気を止められますよ。

### ≫ 刻む・彫る

☐ He was **cutting** a piece of wood into the shape of flower.　彼は木片を花の形に彫っていた。

## 基本動詞重要度ランキング 17

### よく使う表現
## set phrases

### □ cut back | 削減する

▶ I want to **cut back** on fat in my cooking.
料理の脂肪分を減らしたい。

**これも覚えよう！** **cut down**（削減する）

### □ cut off | 切り離す；遮られる

▶ I got **cut off** when I was talking with Jim on the phone.
電話でジムと話していたら、電話が切れてしまった。

### □ cut out | 切り取る；取り除く；やめる

▶ I **cut out** the article I wanted you to read.
あなたに読んでほしい記事を切り取っておきました。

**これも覚えよう！** **Cut it out!**（やめてくれ） **cut it**（うまくいく）

### □ be cut out to be | ～に適している

▶ I'm sure you **are cut out to be** a doctor.
絶対あなたは医者に向いている。

### □ cut both ways | もろ刃の剣

▶ It **cuts both ways**. People enjoy driving because of lower tolls, but driving is never eco-friendly.
それはもろ刃の剣だ。高速道路料金が安ければドライブを楽しめるが、ドライブは環境に悪い。

## ○ その他便利な表現

- □ cut no ice　影響力（効果）がない
- □ cut someone down to size　自分の実力を思い知らせる
- □ cut someone to the quick　人の痛い所をつく；傷つける；怒らせる
  
  **これも覚えよう！** **the quick**（1番痛い所；痛みを感じる所；急所）

- □ cut your losses　損失を（きれいさっぱり）あきらめる
- □ cut a pack of playing cards　トランプ1組を2つに切る
- □ cut and paste　カット＆ペースト；切り貼り
- □ cut the mustard　期待に添う
  
  **これも覚えよう！** **cut the mustard with**（活躍（成功）する；（人）に通用する）

- □ cut the cheese　おならをする

---

### synonyms 類義語

● 切る・傷つける
- □ chop　　□ divide
- □ dissect　□ hurt
- □ wound

● 刈る
- □ trim　　□ gather
- □ mow

● 減らす・短くする
- □ reduce　　□ shorten
- □ abridge　□ curtail

● 供給を止める
- □ stop providing

● 刻む・彫る
- □ chisel　　□ shape
- □ carve　　□ engrave

● 欠席する
- □ miss

## 基本動詞重要度ランキング 18

# set

発音【sét】　活用 set-set-set

**コアイメージ 設置する**

壊れやすいものや重いものなどを、丁寧に、その場所が適切だと判断して置くイメージです。

> 何かを特別な場所に注意深く置いて、その状態が続いているイメージです。

□ **The mansion was set in 20 acres of grounds.**
その大邸宅は20エーカーの土地内に建っていた。

**ポイント** 選び抜いた所に何かを置き、しばらくは動かさないイメージです。

例：**set guidelines (standards / conditions)**（ガイドライン［基準／条件］を決める）、**set a time (date / price)**（時間［日付／値段］を設定する）

**ポイント** また、liquid（液体）やglue（のり）、cement（セメント）、jelly（ゼリー）などが「固まる」、折れた骨が「つく」もsetです。

**基本動詞プラス！**
□ The sun sets in the west. 太陽は西に沈む。
□ set a precedent 前例を作る
□ set the trend 流行らせる

## setの基本フレーズ

### ≫ 置く
- Natasha **set** the vase on the mantelpiece.
  ナターシャは、その花瓶をマントルピースの上に置いた。

### ≫ 設定する
- This play is **set** in the beautiful countryside of Wales.
  この劇は、ウエールズの美しい田舎を舞台にしている。

- I always **set** two alarms so I won't oversleep.
  いつも目覚ましを2つかけて、寝坊しないようにしている。

### ≫ 準備する
- Susie, can you **set** the table? Dinner is almost ready.
  スージー、テーブルを整えてくれる？夕食がもうできるよ。

- The teacher **set** up a trap to catch cheaters by leaving a copy of the test on his desk.
  その教師は不正をする生徒をつかまえるため、机にテスト用紙を置いてわなをしかけた。

### ≫ 合わせる・調整する
- This is the third time I've told you how to **set** the DVD recorder.
  DVDレコーダーの使い方を教えるのは、これで3回目だよ。

### ≫ 固まる
- Let's **set** the jelly in the fridge.　冷蔵庫でゼリーを固めよう。

### ≫ 沈む
- It was romantic to watch the sun **set** over the sea.
  海に沈む太陽を見るのは、ロマンティックだった。

## 基本動詞重要度ランキング 18

### よく使う表現
## set phrases

---

□ **set up** | 設立する；だます

▶ A new committee was **set up** for market research.
市場調査のため、新しい委員会が設立された

＊ set up には、実に多様な意味があるので文脈に注意しましょう。一例として set up shop（商売を始める）、set up <u>house</u> [housekeeping]（親から独立して自分で誰かと暮らし始める）、「ふりをする」「申し立てる」などがあります。

---

□ **set aside** | 取っておく

▶ We've **set aside** a million yen for repairs to our house.
家の修理代として100万円、取っておいた。

＊お金以外に、set aside for reading（読書の時間を確保する）のように、時間も取っておく対象になります。また、set aside a belief のように、信条や相手の言うことなどが続く場合は、それらを信じない、拒絶するといった意味もあります。

---

□ **set off** | 引き起こす

▶ They couldn't find what **set off** the metal detector at the airport.
金属探知機が何に反応して鳴ったのか、わからなかった。

＊「旅に出る（set out）」「相殺する」などの意味もあります。

---

□ **set out to do** | 〜しようとする

▶ The hero of the story **set out to fight** against villains when he became 16.
この物語の主人公は16歳になった時、悪者と戦おうとした。

---

□ **set in** | 始まる

▶ As winter is **setting in**, they are facing fuel shortages.
冬が始まり、彼らは燃料不足に直面している。

## ◯ その他便利な表現

☐ **set... free**　（人）を解放する；自由にする

☐ **set fire to a house**　家に放火する

**これも覚えよう！** **set the world on fire**（大成功を収める）

☐ **set about the work**　仕事に取りかかる

☐ **set against working overtime**　残業に断固反対する

☐ **set back a project**　プロジェクトを遅らせる

＊ set back は cost（費用がかかる）という意味もあります。

☐ **set down rules**　規則を定める

＊ set down は write down（書き留める）という意味もあります。

---

## synonyms 類義語

### ●置く
☐ put　☐ place　☐ fix
☐ lay　☐ locate
☐ position　☐ rest

### ●設定する
☐ appoint　☐ schedule
☐ settle　☐ allocate

### ●準備する
☐ prepare　☐ arrange
☐ make ready

### ●合わせる・調整する
☐ adjust　☐ organize
☐ coordinate

### ●固まる
☐ harden　☐ solidify
☐ thicken

### ●沈む
☐ go down　☐ sink
☐ vanish

107

## 基本動詞重要度ランキング 19

# fix

発音 [fíks]　活用 fix-fixed-fixed

コアイメージ **固定する**

何かをある位置にしっかり「固定させる」が基本です。

固定させる、あるいは元の位置からはみ出たものを戻すイメージです。

## □ The lamp was **fixed** on the wall.
照明器具は壁についていた。

**ポイント**　日付を「固定する」→「決める」「調整する」と意味が広がります。例：**fix the time (date / place)**（日時や場所を決定する）

**ポイント**　「直す」「治す」という意味もあり、元の状態に固定させるイメージです。「作る」という意味もあります。例：**fix a meal**（食事を作る）

**基本動詞プラス！**
- □ fix a competition (game)　八百長試合をする
- □ fix your eyes on...　～を注視する
- □ fix... in your mind　～をしっかり覚えておく

# fix の基本フレーズ

### ≫ 固定する

☐ The shop owners are being accused of **fixing** prices.

店主達は、価格を操作したとして責任を問われている。

＊Are the prices fixed? は、「値段は固定されているのですか」つまり「値引きしてくれないのですか」と聞く場合に使えます。

☐ Brian **fixed** Amy with an affectionate look.

ブライアンはエイミーを、優しい表情で見つめた。

＊「視線を固定する→見つめる」という意味です。
＊どのような表情で見つめるかを with で示すことが多いです。

### ≫ 元に戻す

☐ He didn't know how to **fix** the damage to his reputation.

彼は傷ついた評判をどのように回復すればよいか、わからなかった。

☐ Brian will be able to **fix** the problem—he knows so much about cars.

ブライアンなら問題箇所を直せるだろう。車にとても詳しいから。

☐ Ron will look great if he gets his teeth **fixed**.

ロンは歯を治してもらえば、ハンサムになる。

### ≫ 決める

☐ Could you **fix** a date and time when I can see you?

あなたに会える日と時間を決めてくれますか？

### ≫ ごまかす

☐ The committee allegedly **fixed** the game.

その委員会が試合を買収したそうだ。

### ≫ 〜するつもりである

☐ I'm **fixing** to leave Josh.　ジョッシュと別れるつもりだ。

## 基本動詞重要度ランキング 19

### よく使う表現 set phrases

#### ☐ fix up　　整える

▶ Ryan, can you **fix up** a meeting with Mr. Lee, please?
ライアン、リーさんとの会議を取り決めてくれますか？

**これも覚えよう！** Let me fix you up with a date. (デートの相手を紹介させてください)
fix... up with a job ((人) に仕事を与える)
fix things up (話をつける)

#### ☐ fix on　　(日時／場所などを) 選定する

▶ Our school **fixed on** June 5th to celebrate its establishment.
私たちの学校は、6月5日を創立記念日と選定している。

**これも覚えよう！** fix on ((人) を見つめる)
Her eyes fixed on Melinda. (彼女は、メリンダをひたすら見つめた)

#### ☐ fix a meal　　食事を作る

▶ Don't start eating snacks—I'm **fixing lunch**.
お菓子を食べたりするなよ。今昼食を作っているのだから。

**これも覚えよう！** fix a drink (飲み物を用意する)
I'll fix... a drink. ((人に) 飲み物を用意しましょう)

#### ☐ fix your hair　　髪を整える

▶ I overslept, so I didn't have time to **fix my bed hair**.
寝坊したので、寝癖を直す時間がなかった。

#### ☐ fixed in one's mind　　ちゃんと覚えている

▶ The small town and its people are now **fixed in my mind**.
その小さな町と人々は、今私の心にしっかり焼き付いている。

110

## ◯ その他便利な表現

□ **That'll fix him.**　それは彼を殺すだろう

＊活動を止めるという意味で使われるので、本当の殺人とは限らないので文脈に注意しましょう。また fix には punish（罰する）という意味もあります。

□ **fix one's pet (cat / dog)**　ペット［猫／犬］を去勢（避妊）する

I overslept, so I didn't have time to fix my bed hair.

## synonyms
### 類義語

● 固定する
- □ place
- □ anchor
- □ embed
- □ establish
- □ install
- □ plant
- □ settle

● 固定する
- □ fasten
- □ attach
- □ cement
- □ glue
- □ pin

● 元に戻す
- □ repair
- □ adjust
- □ mend
- □ patch up

● 決める
- □ decide
- □ agree on
- □ arrange
- □ set
- □ settle

● 〜に集中する・注意を向ける
- □ focus
- □ direct
- □ level at
- □ rivet

● ごまかす
- □ rig
- □ bribe
- □ fiddle
- □ influence
- □ manipulate
- □ pull strings

## 基本動詞重要度ランキング 20

# lay

発音 [léi]　活用 lay-laid-laid

**コアイメージ 横たえる**

何かをどこかに、注意深く丁寧に「置く」が基本です。

何かを丁寧に注意深く、例えば寝ている赤ちゃんを起こさないようにそっと置くイメージです。

## ☐ The mother laid the baby down.
母親は赤ん坊を寝かせた。

**ポイント** そっと大切に置くイメージで、lay eggs（鳥が卵を産む）も、大切な卵なので lay にぴったりです。

**ポイント** 長期間、定位置に存在することも lay で表現できます。
例：**lay foundation** (the base / groundwork)（基盤を築く）、**lay bricks**（レンガを積む）

**基本動詞プラス！**
- ☐ **lay one's finger on**　〜に指を置く、〜を指摘する、いじめる
- ☐ **lay the blame on**　〜に責任を負わせる
- ☐ **lay a trap for**　〜に対してワナを仕掛ける
- ☐ **lay pipes**　パイプを通す→配管工事をする
- ☐ **lay a carpet**　カーペットを敷く

## **lay** の基本フレーズ

### ≫ 置く

- His coffin was **laid** on the bench covered with a white cloth.
  彼の棺は、白い布で覆われたベンチの上に置かれていた。

- How about **laying** a carpet there to cover the stain?　しみを隠すために、そこにカーペットを敷いては？

### ≫ 〜のせいにする

- You can't just **lay** the blame on him. You did nothing to improve the situation.
  彼だけの責任ではない。あなただって、状況改善をしようとしなかった。

- Your remarks **laid** them open to charges of libel.
  君の発言で、彼らは名誉毀損に問われている。

### ≫ （卵を）産む

- The common cuckoo **lays** its eggs in the nests of other bird species.
  カッコーは他の鳥の巣に卵を産む。

### ≫ 準備する

- We need to **lay** plans to raise money for the facilities.　それらの設備のための資金調達計画を立てなくては。

### ≫ 築く

- It took us about a year to **lay** the foundation.
  基盤を築くのにほぼ1年かかった。

### ≫ 賭ける

- I'll **lay** <u>odds</u> (bets) that Ted will visit you tonight to talk about this.　絶対テッドは、この件を話すために今夜君の所に来るよ。
  ＊文字通り賭け事や、この例文のように「きっと〜だ、賭けてもいい」という意味でも使われます。

## 基本動詞重要度ランキング 20

### よく使う表現
### set phrases

| ☐ **lay off** | 解雇する |
|---|---|

▶ 3000 people were **laid off** this time.
今回3000人が解雇された。

＊以前は「一時解雇する」という意味で用いられていたが、今一時的に解雇しても再度雇用される人がほとんどいないため、fire、dismiss などと同様「解雇する」という意味で用いられます。

| ☐ **lay out** | 並べる |
|---|---|

▶ **Lay out** the pictures on the desk, so everyone can have a look at them.
写真を机に並べてください。皆が見れるように。

＊「寝そべる」「計画を立てる」などの意味もあります。

| ☐ **lay down** | 置く |
|---|---|

▶ Joseph yawned and **laid** his book **down** on the sofa.
ジョセフは、あくびをして本をソファに置いた。

＊ He lay down on the sofa.（彼はソファに横たわった）の lay は自動詞 lie の過去形ですが、He laid down と言う人も増えてきています。

| ☐ **lay it on thick** | お世辞を言う；大げさに言う |
|---|---|

▶ They held a charity party and **laid it on so thick** it was hard to tell what the truth was.
彼らは慈善パーティを開き、それを大げさに取り上げたので、本当は何だったのか、よくわからなかった。

| ☐ **lay one's hands on** | 入手できる；手をかける |
|---|---|

▶ I've been reading any books I can **lay my hands on**.
入手できる本なら、何でも読んでいる。

## ○ その他便利な表現

☐ **lay down the law** （頭ごなしに）命令する

＊ lay down rules と同様「規則を定める」という意味もあるので、文脈をしっかり捉えることが大切です。

☐ **lay down one's life** 命を捨てる；犠牲にする

☐ **lay stress (emphasis) on the importance** 重要性を強調する

☐ **lay the cup aside** カップを置く

☐ **lay some money aside** お金を取っておく

☐ **lay a charge against** 〜を告発する；罪に問う

☐ **lay a false charge against** 〜に冤罪を着せる

☐ **lay the blame on** 〜の責任にする

☐ **lay oneself open to** 〜に身をさらす

☐ **lay… at one's door** 〜を人の責任だとする

☐ **lay… open to blame (criticism)** 〜が責められるような状態にする

☐ **lay an egg** 失敗する

## synonyms 類義語

● 置く
☐ place  ☐ set down
☐ settle ☐ leave

● 〜のせいにする
☐ attribute ☐ allocate
☐ ascribe   ☐ charge

● 産む
☐ produce ☐ bear
☐ deposit

● 準備する
☐ arrange ☐ organize
☐ prepare

● 築く
☐ devise ☐ concoct
☐ design ☐ hatch

● 賭ける
☐ bet ☐ gamble
☐ stake

115

## 基本動詞重要度ランキング 21

# turn

発音【tə́ːrn】 活用 turn-turned-turned

### コアイメージ 向きを変える

何かをぐるりと回して、今までとは違う方向に向くことが基本です。

向きを変えることが基本で、向きを変えて別のものになったり、何かを生み出す場合もあります。

□ **The girl turned and walked away.**
その少女は向きを変えて歩いて行った。

**ポイント** 注意や武器などを「向ける」という意味もあります。
例：**turn your attention to**（注意を〜に向ける）、**turn a weapon on**（武器を〜に向ける）、**turn an aggressive feeling toward**（攻撃的な気分を〜に向ける）

**ポイント** 何か別の状態に「なる」ことも表現できます。
例：**The leaves turn red.**（木の葉が紅葉する）、**He turned pale when he heard the news.**（その知らせを聞いた時、彼は青ざめた）

# turn の基本フレーズ

## ≫ 方向（位置）などを変える・向ける

☐ One of the guests **turned** to me and started a conversation. 客の1人が私の方を向いて、会話を始めた。

☐ The road **turns** sharply in front of the building.
道はその建物の前で急なカーブになっている。

☐ My mother always **turned** a blind eye whenever my brother did something wrong.
弟が何か間違ったことをしても、母は見て見ぬふりをした。
**これも覚えよう！** turn a blind eye（見えない目を向ける→見ないふりをする→大目に見る）
　　　　　　　turn a deaf ear（聞こえない耳を向ける→耳を貸さない→取り合わない）

☐ She **turned** her back on the lucrative job in Tokyo and went to the small island to help needy people.
彼女は東京での儲かる仕事に背を向け、困っている人々を助けに小さな島へ行った。

## ≫ 回す

☐ I heard the doorknob **turning** very slowly.
ドアの取手がとてもゆっくり開く音を聞いた。

## ≫ 〜になる

☐ I feel refreshed when the trees and grass **turn** green in May. 木も草も緑色になる5月には、さわやかな気分になる。

☐ It **turns** hot and humid after the rainy season.
梅雨の後は、高温で湿気も高くなる。
**これも覚えよう！** an actor-turned-politician（俳優から政治家になった人）

## ≫ 悪くなる

☐ The large crowd **turned** violent late that evening. その大群衆は、夜遅く暴徒と化した。
**これも覚えよう！** This smell turns my stomach.
（このにおいをかぐと、気分が悪くなる／むかむかする）

117

## 基本動詞重要度ランキング 21

### よく使う表現
### set phrases

---

#### ☐ turn on | スイッチを入れる

▶ The lights start blinking when the switch is **turned on**.
スイッチを入れると、明かりが点滅し始めます。

＊他に電気を「つける」、「頼る」、「(人を)ひきつける」などの意味があります。

**これも覚えよう！** turn off（スイッチを切る）

---

#### ☐ turn down | 断る

▶ I was disappointed when he **turned down** my invitation. 彼を招待したのに断られた時は、がっかりした。

＊他に「下げる」「弱める」などの意味があります。

---

#### ☐ turn out | ～だとわかる；～になる

▶ The anonymous benefactor **turned out** to be a popular athlete. 匿名で寄付をしていた人は、人気者のスポーツ選手だった。

---

#### ☐ turn around (round) | 振り返る

▶ We **turned around** as the bride entered the banquet hall. 花嫁が披露宴会場に入って来た時、私たちは振り返った。

**これも覚えよう！** every time... turns around（いつも；しょっちゅう）
　　　　　　　turn the company around（会社を立て直す）

＊「悪い状態を良くする」という意味もあります。

---

#### ☐ turn in | 提出する

▶ When do I have to **turn in** the essay?
いつエッセイを提出しなくてはなりませんか。

118

## ☐ turn against  〜に不利になる

▶ Things have **turned against** us.
状況は、私たちに不利になってきた。

### ○ その他便利な表現

☐ **turn a new leaf**　心を入れ替える；心機一転する

☐ **turn the tide**　形勢を一変させる

☐ **turn my room inside out (upside down)**　部屋を探しまわる
＊部屋がぐちゃぐちゃになるほど、何かを探す様子を表現します。

☐ **turn the other cheek**　もう片方のほほを向ける→侮辱を受け入れる

## synonyms 類義語

● 方向（位置）などを変える・向ける
☐ change course
☐ change position
☐ move　☐ return
☐ veer

● 回す
☐ rotate　☐ circle　☐ go
☐ round　☐ pivot
☐ spin

● 〜になる
☐ become　☐ convert
☐ form　☐ remodel

● 悪くなる
☐ go bad (sour)
☐ become rancid
☐ spoil

第2章

119

## 基本動詞重要度ランキング 22

# work

発音【wə́ːrk】 活用 work-worked-worked

**コアイメージ 働く**

報酬をもらい労働を提供することです。

一生懸命何かに取り組み、何らかの結果を生み出すイメージです。

## ☐ I've been **working** here for more than 20 years.
ここで20年以上働いています。

---

**ポイント** 一生懸命何かに「取り組む」ことも表現できます。

例：**He's been working in the garden since this morning.**（彼は午前中から庭仕事に精を出している）

**ポイント** 「勉強する」「努力する」も表現できます。作戦や方法、薬などの効果があった場合 It worked!（うまくいった！／（薬が）効いた！）と表現できます。

# **work** の基本フレーズ

## ≫ 働く・勤めている

☐ My sister **works** as an accountant for a trading company.
姉は、商社で経理担当者として働いている。

☐ I usually **work** on Saturdays.
たいてい土曜日は仕事です。

## ≫ 進歩する・努力する

☐ I've been **working** hard to meet the deadline.
締め切りに間に合わせようと、一生懸命やっています。

☐ The actress spent the rest of her life **working** with poor people.
その女優は、残りの人生を貧困層を助けることに努めた。

## ≫ 機能する・うまくいく

☐ I'm afraid your idea won't **work** well this time.
あいにく、あなたのアイディアは今回うまくいかないのではないでしょうか。

☐ "How about meeting at nine? In my office?"
9時に会うのはどうですか？私のオフィスで？

"**Works** for me."
結構ですよ。

## ≫ 使う・働かせる

☐ I prefer **working** in acrylics rather than watercolors.
水彩絵の具よりアクリル絵の具を使う方が好きだ。

☐ They even **worked** sick people during the war.
彼らは戦時中、病気の人でさえ働かせた。

121

## 基本動詞重要度ランキング 22

### よく使う表現
### set phrases

| □ **work out** | 考えだす |
|---|---|

▶ You have it all **worked out**, right?
どのようにするか、考えだしたのですね？

＊熟考したり練ったりして、しっかりしたプランが出来上がっている、あるいはどのように行うのか熟知している場合などに使います。work out には、「成功する」「使い果たす」など多様な意味があります。

**これも覚えよう!** Let's work it out.（何とかやりましょう）
We'll work it out.（何とかなりますよ）

| □ **work off** | （ストレスや怒りなどの感情を）晴らす |
|---|---|

▶ How about some karaoke to **work off** your job frustrations? カラオケはどうですか？仕事のストレスを晴らしましょう。

＊他に「弁償する」「(借金を) 返す」などの意味があります。

| □ **work up** | （関心や食欲などを）かき立てる |
|---|---|

▶ It's been difficult to **work up** their interest in learning math. 彼らに数学を学びたいと思わせるのは、難しい。

**これも覚えよう!** work up enthusiasm (courage / appetite / thirst)
（やる気［勇気／食欲／のどの乾き］をかきたてる）

| □ **work wonders** | すばらしい効果がある |
|---|---|

▶ Fresh air will **work wonders** for you.
新鮮な空気を吸えば、体に良いですよ。

＊似ている表現に work like magic があります。

| □ **work one's way through college (school)** | （アルバイトなどをして）苦学して卒業する |
|---|---|

▶ My father **worked his way through college**—I really respect that. 父は苦学して大学を出ました。その点を尊敬しています。

## ◯ その他便利な表現

☐ **This will work in your favor.** このことは、あなたにとって役立つだろう

**これも覚えよう！** work against （〜に不利になる）

☐ **work one's fingers to the bone** 一生懸命仕事をする

☐ **work it** うまくやる

☐ **work over** やり直す

## synonyms 類義語

### ● 働く
☐ labor
☐ break one's back
☐ drudge  ☐ toil

### ● 勤めている
☐ be employed
☐ be in work
☐ do business
☐ earn a living
☐ have a job

### ● 進歩する・努力する
☐ progress  ☐ force
☐ make one's way
☐ move

### ● 機能する
☐ operate  ☐ function
☐ perform  ☐ run

### ● うまくいく
☐ accomplish
☐ achieve  ☐ bring
☐ about  ☐ carry out
☐ effect

### ● 使う
☐ use  ☐ wield
☐ manipulate

### ● 働かせる
☐ control  ☐ direct
☐ drive  ☐ handle
☐ manage

123

### 基本動詞重要度ランキング 23

# draw

発音 【drɔ́ː】　活用 draw-drew-drawn

### コアイメージ 描く

スケッチブックを開き、鉛筆などでラフに、特に線で何かを描くイメージ、あるいは砂に木の枝などで描線を引くイメージです。

ペンや枝で、紙や砂などにサッと何かを描くイメージです。

## ☐ The girl was **drawing** flowers with a crayon.
少女はクレヨンで花を描いていた。

---

**ポイント** カーテンを「引く」動作も draw です。Draw the curtains（カーテンを閉めてください）という指示に対して、カーテンの絵を描いてしまうお手伝いさんの物語もあります。

**ポイント** draw the line は、「線を描く」以外に「一線を引く／一線を引いて〜しない」の意味もあります。銀行からお金を「引き出す」や、軍隊などが「撤退する」も draw です。

**基本動詞プラス！**
- ☐ **draw a chair**　椅子を引く
- ☐ **draw... into a room**　（人）を部屋に引き込む

124

# **draw** の基本フレーズ

### ▶ 描く

☐ She **drew** me a diagram and I understood clearly.　彼女が図式を描いてくれたので、とてもよくわかった。

### ▶ 引く

☐ The chariot was **drawn** by a beautiful Pegasus in my dream.　その戦車はきれいなペガサスが引いていたんだ―夢でね。
＊chariot は古代の1人乗り用戦車で、通常馬が引いていた。

### ▶ 引き抜く

☐ I was surprised when you **drew** out a cigarette from your bag.　あなたがバッグからタバコを取り出した時は、驚いた。
**これも覚えよう!** draw a gun [knife]（銃［ナイフ］を引き抜く）

☐ I'll **draw** some money from my bank account.
銀行口座からお金を出してきます。

### ▶ 引きつける

☐ I'd like to **draw** your attention to the last sentence.　最後の文に注目してください。

☐ As the day for my wedding was **drawing** nearer, I started getting cold feet.
結婚式の日が近づくにつれ、二の足を踏み始めた。

### ▶ 引き出す

☐ I'm afraid it's too early to **draw** a conclusion from the results.
これらの結果から結論を導きだすのは、時期尚早ではないでしょうか。

### ▶ 選ぶ

☐ Before you **draw** a card, place your chips in the center of the table.
カードを引く前に、チップをテーブルの中央に置いてください。

## 基本動詞重要度ランキング 23

### よく使う表現 set phrases

| □ **draw up** | 作成する |

▶ How about **drawing up** a short list of things we wish to complete this week?
今週中にやり終えたいことの短いリストを作成してはどうですか？

**これも覚えよう!** draw oneself up（立ち上がる）

| □ **draw on** | 頼る |

▶ It's fine to have the experience to **draw on**, but we also need a greater scientific approach.
あてにできる経験があるのは素晴らしいのですが、もっと科学的な手法も必要なのではないでしょうか。

| □ **draw a distinction** | 区別をつける |

▶ I'm trying to **draw a distinction** between art and culture.
芸術と文化の区別をつけたいと思っています。

**これも覚えよう!** draw a comparison between A and B（AとBを比較する）

| □ **draw alongside** | そばに寄る |

▶ A car **drew alongside** and the driver asked me the way.
車がそばに寄ってきて、運転者が道を聞いた。

| □ **draw lots** | くじを引く；くじで決める |

▶ Let's **draw lots** to decide who goes next.
次は誰が行くか、くじで決めよう。

## ○ その他便利な表現

☐ **draw criticism from inside the company**　社内から非難を浴びる

\* criticism の代わりに、praise（賞賛）や laughter（嘲笑）などを使うことができます。

**これも覚えよう！** **draw fire**（非難や攻撃を浴びる）

☐ **draw tears from your eyes**　あなたの涙を誘う

☐ **draw blood**　採血する；怒らせる

☐ **draw a line in the sand**　譲れない一線を示す

☐ **draw a blank**　思い出せない；外れくじを引く

☐ **draw the curtains** ⇔ **draw apart the curtains**
　　カーテンを閉める⇔開ける

☐ **draw back**　引き返す

## synonyms 類義語

### ●描く
☐ sketch　☐ delineate
☐ depict　☐ design
☐ outline　☐ portray

### ●引く
☐ pull　☐ drag　☐ tow
☐ tug

### ●引き抜く
☐ take out　☐ extort
☐ extract　☐ pull out

### ●引きつける
☐ attract　☐ allure
☐ evoke　☐ invite

### ●引き出す
☐ derive　☐ infer

### ●選ぶ
☐ choose　☐ pick
☐ select　☐ single out

### ●伸ばす
☐ stretch　☐ attenuate
☐ extend　☐ lengthen

### ●吸い込む
☐ inhale　☐ breathe in

### ●組み立てる
☐ draft　☐ compose
☐ formulate　☐ frame

## 基本動詞重要度ランキング 24

# show

**発音** [ʃóu]　**活用** show-showed-shown

**コアイメージ** 見せる

自分が持っている書類や写真などを人に「見せる」、道や方法などを「示す」が基本です。

> 何かを人に「見せる」「示す」が基本のイメージです。

□ **Shall I show you the pictures I took in Helsinki?**
ヘルシンキで撮った写真を見せようか？

---

**ポイント** 映画や統計などが何かを「表現する」「示す」も show です。

例：**These figures show unemployment rate is rising nationwide.**（これらの数字は、失業率が全国的に上がっていることを示している）

**ポイント** 行き方を「教える」「示す」も show です。

例：**I'll show you the way.**（行き方をお教えします）、**Please show me the way.**（道を示してください→どのように生きて行けば良いか、教えてください）

# **show** の基本フレーズ

### ▶ 見える

- Is my underwear **showing**?
  下着、見えてる？

- Your love of Paris **shows** in these pictures.
  あなたがパリを本当に好きだというのが、これらの写真に出ていますね。

### ▶ 示す

- They **showed** their gratitude by giving their teacher flowers.
  彼らは教師に花を贈って感謝の気持ちを表した。

- The figures **showed** some signs of improvement in the third quarter.
  数字は、第3四半期における改善の様相を示していた。

### ▶ やってみせる・示す

- Let me **show** you how to do it.
  どのようにするか、手本を示しましょう。

### ▶ 見えるようになる・暴露する

- He finally started **showing** his true colors.
  彼はついに正体を現し始めた。

### ▶ 案内する

- I'll **show** you around.
  このあたりをご案内します。
  ＊I'll show you around Kobe. などのように具体的に地名を入れることもできます。

- **Show** him the door.
  お帰りだ。／帰ってもらいなさい。
  ＊文字通り、彼にドアを示せ、ということで、歓迎していないので帰ってほしいことを表現します。

## 基本動詞重要度ランキング 24

### よく使う表現
### set phrases

| ☐ **show off** | ～を見せびらかす |
|---|---|

▶ He's looking for an opportunity to **show off** his computer skills.
彼はパソコンが上手なのを見せびらかすチャンスをうかがっている。

| ☐ **show up** | 現れる |
|---|---|

▶ The lecturer didn't **show up** again and the students were happy.
講師がまた来なかったので、生徒達は喜んだ。

▶ Some illnesses don't **show** up for a couple of days.
病気によっては2、3日症状が出ないものもある。

＊人間以外に、病状や差異、性格などにも使えます。

| ☐ **have something to show for** | ～の結果が出る |
|---|---|

▶ You should **have something to show for** your efforts.
努力した結果が出てもいいはずだ。

| ☐ **show... who the boss is** | ～に誰がボスかを示す；けじめをつけさせる |
|---|---|

▶ He's been rude—I think you need to **show him who the boss is**.
彼は失礼だね。上下のけじめをつけさせる必要があるのでは。

## ☐ show one's hand　　手のうちを見せる

▶ He didn't **show his hand** during his winning round of the game.
ゲームの間、彼は手のうちを見せなかった。

＊警察が犯人や容疑者などに両手を挙げさせ武器を持っていないことを確認する場合、Show your hands! と言うこともあります。

### ◯ その他便利な表現

☐ **I'll show you.**
ご案内しますよ。

＊けんかなどの捨て台詞で、「（私の方が優れていることを）見せてやる」、「今に見ていろ」、といった意味合いでも使われます。

☐ **You dislike him and it shows.**
彼のこと、嫌いなんでしょう。顔に書いてありますよ。

＊何かが明らかにわかる場合に使われる。通常ネガティブな事柄に使われる場合が多いです。

## synonyms 類義語

● 見える
☐ be visible　☐ appear

● 示す
☐ present　☐ display
☐ exhibit　☐ prove
☐ clarify

● 示す・やってみせる
☐ instruct
☐ demonstrate
☐ explain　☐ teach
☐ display

● 見えるようになる・暴露する
☐ indicate　☐ disclose
☐ divulge　☐ reveal

● 案内する
☐ guide
☐ accompany
☐ attend　☐ conduct
☐ escort　☐ lead

第2章

## 基本動詞重要度ランキング 25

# fall

発音【fɔ́ːl】 活用 fall-fell-fallen

### コアイメージ 落ちる

何かが下に向かう、つまり「落ちる」「倒れる」「減少する」が基本です。

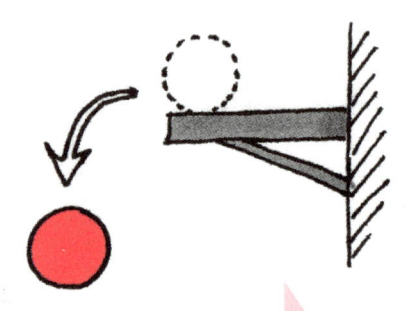

高い所から低い所へ向かって落ちるイメージです。

## □ The rain falls.
雨が降る。

---

**ポイント** 「倒れる」も表現できます。例：**He fell backwards.**（彼は仰向けに倒れた）、**fall flat**（ばたりと倒れる）

**ポイント** 前置詞との結びつきで、どのように落ちるか多様に表現できます。例：**fall on the sofa**（ソファやベッドに倒れ込む）、**fall into bed**（眠りにつく）

**基本動詞プラス！**
- □ **fall off** 坂道などを転がり落ちる
- □ **fall down** 下に落ちる；事業などに失敗する

# **fall** の基本フレーズ

### ▷ 落ちる

- I once **fell** from a horse, so I don't ride any more. 一度落馬してから、もう乗らなくなりました。

- A lot of trees **fell** down during the storm last night. 昨夜の嵐で、多くの木が倒れた。

- I **fell** in love with Liz the moment I met her.
  リズに会った瞬間、恋に落ちた。

### ▷ 減少する

- Our sales have **fallen** by 15% this quarter.
  今四半期売り上げが15％減少した。

- Temperatures tend to **fall** at night in this area.
  この地域では夜間温度が下がる。

### ▷ 起こる

- New Year's Day **falls** on Sunday this year.
  今年の元旦は日曜日に当たる。

### ▷ 死ぬ

- He tried to go to a safer place, while passing those who had **fallen**.
  彼は亡くなった人たちを通り過ぎ、より安全な場所へ行こうとした。

### ▷ （夜）になる

- As night **falls**, buildings on the streets are illuminated.
  夜になるにつれ、通りの建物はライトアップされる。

  ＊ darkness（暗闇）や shadow（影）が「覆う」という意味の他、sunlight が「降り注ぐ」という意味でも用いられます。また、fall silent [ill / asleep]（沈黙する [病気になる／眠る]）や、fall in love（恋をする）なども、その状態に落ちるというイメージです。

  ＊ fall に become（〜になる）という類義語はなく、この「夜になる」もあえて英語で言えば start のイメージで、日本語から類義語を探すとうまく行かない場合が多いのです。

## 基本動詞重要度ランキング 25

### よく使う表現
### set phrases

| ☐ **fall apart** | バラバラになる |
|---|---|

▶ The plastic model **fell apart** at a touch.
そのプラモデルは、ちょっと触っただけでバラバラになった。

**これも覚えよう!** fall to pieces（バラバラになる）

| ☐ **fall for** | だまされる |
|---|---|

▶ I'd **fall for** that kind of excuse.
その手のいいわけには、だまされてしまう。

＊「好きになる」という意味もあります。

| ☐ **fall short** | 足りない |
|---|---|

▶ My academic records **fell short** of my parents' expectations.
私の成績は、親の期待に添えなかった。

| ☐ **fall into** | 〜になる；入る |
|---|---|

▶ Joy said study strategies would **fall into** three categories.
ジョイいわく、勉強の戦略は3つのカテゴリーに分類されるそうだ。

**これも覚えよう!** fall into place（うまく収まる）
　　　　　　　　fall into one's lap（よいことが苦労せずに自分の元に転がり込む）
　　　　　　　　fall into step（歩調を合わせる）　fall into a trap（わなにはまる）

| ☐ **fall on** | （責任が）〜の肩にかかる |
|---|---|

▶ The duty **fell on** me to look after my aged parent.
年老いた親の面倒を見る責任が私にかかった。

**これも覚えよう!** fall on deaf ears（無視される）
　　　　　　　　fall on one's feet（足の上に立つ→苦境を脱する；運が良い）

## ○ その他便利な表現

- □ fall about　よろめく
  - **これも覚えよう!** fall about laughing（笑い転げる）
- □ fall over a stone　石につまずく；つまずいて転ぶ
- □ The plan fell through.　プランは失敗した。
- □ fall away　はずれる
- □ fall behind　遅れをとる
- □ fall from grace　人に嫌われる
- □ fall by the wayside　途中で挫折する
- □ fall open　突然開く

## synonyms 類義語

### ● 落ちる
- □ descend
- □ cascade
- □ collapse
- □ drop
- □ plummet
- □ sink

### ● 減少する
- □ decrease
- □ become lower
- □ decline
- □ dwindle
- □ subside
- □ lessen

### ● 起こる
- □ occur
- □ become
- □ come about
- □ fall out
- □ take place
- □ happen

### ● 死ぬ
- □ die
- □ be killed
- □ be lost
- □ perish

### ● つかまる
- □ be overthrown
- □ be taken
- □ capitulate

## 基本動詞重要度ランキング 26

# strike

発音【stráik】 活用 strike-struck-struck

コアイメージ 打つ

人やモノを、狙いを定めて、道具あるいは自分の手などを使って「なぐる」です。少々暴力的、攻撃的な語です。

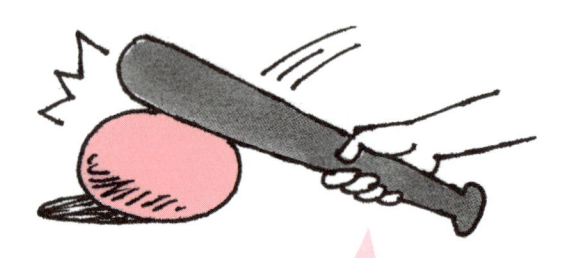

人やモノを、道具や自分の手などで、しっかり「なぐる」イメージです。

□ **She struck him across the face.**
彼女は彼の顔を殴った。

**ポイント**　「当たる」「(車が人などを) はねる」「心を打つ」「印象を受ける」も strike です。例：**I was struck by her patience with her students.**（私は彼女が生徒に対し忍耐強いので、感動した）

**ポイント**　地震や悪人が「襲う」も strike で表現できます。

**基本動詞プラス！**　□ strike a match　マッチを擦る

# strike の基本フレーズ

CD-2 24

## ≫ 打つ・なぐる・襲う・ぶつかる

☐ You can teach your dog nothing by **striking** it.
犬をなぐっても、何も教えられないですよ。

☐ When I fell, I **struck** my head on the steps.
転んだ時、頭を階段でぶつけた。

☐ A huge earthquake **struck** that region again.
大地震がその地域を再び襲った。

☐ I'd be **struck** by lightning.
雷に打たれるかも。
＊文字通りの意味と「（何か悪いことをすれば）バチがあたるかも」といった意味でも用いられます。

## ≫ ストライキをする

☐ The employees are **striking** for better working conditions and higher wages.
今日従業員達は、労働条件改善と昇給を求めてストライキをしている。

## ≫ 心に浮かぶ

☐ It suddenly **struck** me that I haven't seen you for a long time.
突然、長い間あなたと話もしていなかったと思ったのです。

☐ How does it **strike** you?
これをどう思いますか？
＊通常 Do you like this idea?（この考え、いいと思う？）という意味合いで使われます。
**これも覚えよう!** A strikes B as <u>odd</u> [funny / strange]（BがAを奇妙だと思う）

## ≫ ～させる

☐ I've been trying to **strike** a balance between my work and family life.
仕事と家族生活をうまく両立させようと頑張っている。

137

## 基本動詞重要度ランキング 26

### よく使う表現
### set phrases

| □ **strike up** | 始まる |
|---|---|

▶ I **struck up** a friendship with the old lady who owned the B&B.

私はそのＢ＆Ｂ所有者であった高齢の夫人と友達になった。

＊ B&B = bed and breakfast（一泊朝食付きのホテル）
＊ conversation（会話）や correspondence（手紙のやりとり）なども strike up の後によく使われます。また strike up には「跳ね上げる」「取り決める」などの意味があります。

| □ **strike down** | （病気が人を）襲う；（法律を）無効にする |
|---|---|

▶ The disease **struck down** hundreds of thousands of people.

その病気は大勢の人を襲った。

**これも覚えよう！** strike down a law（法律を無効にする）

| □ **strike out** | 新しいことを始める |
|---|---|

▶ It's great to **strike out** on your own.

自立するのは、素晴らしいことだ。

＊野球の「三振をとる」や、「失敗する」「激しく批判する」などの意味もあります。

| □ **be struck dumb** | 驚いてモノが言えない |
|---|---|

▶ I **was struck dumb** when I saw the scene of the disaster.

その災害の場面を見た時、驚いてモノが言えなかった。

| □ **strike it rich** | 大もうけをする |
|---|---|

▶ The young boy was hoping to **strike it rich** in Las Vegas. その若者は、ラスベガスで大もうけをしたいと願っていた。

**これも覚えよう！** strike gold [oil]（金［油田］を掘り当てる→大金をもうける）

## ◯ その他便利な表現

☐ **That strikes a chord with me.** それは私の心に訴えるものがある

☐ **Strike while the iron is hot.** 鉄は熱いうちに打て
＊ことわざです。

☐ **The clock strikes seven.** 時計が7時を告げる

☐ **strike a blow <u>to</u> (at / against)** ～に一撃を加える
**これも覚えよう！** **strike a blow for** (～に加勢する)

☐ **strike a <u>deal</u> (bargain)** 合意する；取引をまとめる

---

## synonyms 類義語

### ●打つ・なぐる・襲う
☐ hit ☐ bang ☐ beat
☐ knock ☐ slap
☐ smack ☐ attack

### ●ぶつかる
☐ collide with
☐ bump into ☐ clash
☐ come into
☐ contact with

### ●ストライキをする
☐ walk out
☐ down tools ☐ mutiny
☐ revolt

### ●心に浮かぶ
☐ occur to ☐ come to

### ●～させる
☐ drive ☐ force
☐ impel ☐ thrust

### ●～に影響を与える
☐ affect
☐ make an impact

## 基本動詞重要度ランキング 27

# rise

発音 【ráiz】　活用 rise-rose-risen

### コアイメージ 昇る

自力で高いところへ「昇る」が基本です。raise は誰（何）かが高い所へ移すので、違いに注意しましょう。

何かが高い所へ上ったり、立ち上がったりするイメージです。

## ☐ The sun **rises**.
陽は昇る。

- **ポイント** 煙や湯気、ほこり、そして人が「立ち上る」「起き上がる」も rise を使えます。目覚めても、まだベッドに寝そべっていると wake（目が覚めている）です。

- **ポイント** 「出世する」「成功する」も rise で表現できます。例：**rise from poverty**（貧困から身を立てる→立身出世をする）、**rise to stardom**（スターの座にのし上がる）、**rise to power**（権力の座につく）

**基本動詞プラス！**
☐ Rise and shine!　起きる時間だよ！
☐ high-rise　高層ビル

## rise の基本フレーズ

### ▶ 昇る・上がる

☐ Having sore muscles, I **rose** slowly from the chair.
筋肉痛だったので、ゆっくり椅子から立ち上がった。

☐ The building **rises** 147 meters from the ground.
そのビルは地上147メートルある。

### ▶ 起き上がる

☐ Before **rising** up, I often plan the day ahead of me.
起き上がる前に、よくこれから始まる1日のプランを立てる。

### ▶ 進む・昇進する

☐ You've **risen** to the position of supervisor very quickly, haven't you?
あっという間に統括者に出世ですね。

☐ **Rising** to the top of a company is still difficult for women.
トップまで登り詰めるのは、女性にとってまだ困難である。

### ▶ 増加（大）する

☐ Because of the heavy rain, the water in the river has **risen** rapidly.
激しい雨のせいで、川の水量は急激に増大していた。

### ▶ 始まる・起こる

☐ The Mississippi River **rises** in New Orleans.
ミシシッピ川はニューオーリンズに水源がある。

### ▶ 反抗する

☐ The citizens finally **rose** against the dictator.
民衆はついに独裁者に抵抗して立ち上がった。

141

## 基本動詞重要度ランキング 27

### よく使う表現 set phrases

□ **rise above** （困難や問題を）乗り越える

▶ You will **rise above** the problems you are facing now.
あなたは今直面している問題をきっと乗り越えますよ。

＊「限界を超える」「超然としている」「他を超えるより良いものがある」などの意味もあります。

**これも覚えよう!** rise to the occasion [challenges]
（困難などを乗り越える；うまく対処する）

□ **rise and fall** 上下；盛衰；増減

▶ This book is about the **rise and fall** of the Roman Empire.
この本は、ローマ帝国の盛衰について書かれたものだ。

□ **rise from the ashes** 廃墟から立ち上がる

▶ The country **rose from the ashes** of defeat.
その国は敗戦の痛手から立ち上がった。

□ **rise out of** ～が原因で；～から起こる

▶ Their fight **rose out of** a trivial misunderstanding.
彼らのけんかは、ささいな誤解が原因だった。

＊「～の上に（抜き）出ている」「～立ち上がる」などの意味もあります。

□ **rise through (from) the ranks** 出世する

▶ She's **risen through the ranks** to her current position.
彼女は今の地位へと平社員から上って行った。

＊ rise from the ranks は、軍隊で一平卒から昇進することを意味していたようだが、現在はほぼ同義で使われることが多いようです。

## ◯ その他便利な表現

- [ ] **the color rises in one's cheeks**　面する
- [ ] **rise from the dead (grave)**　死からよみがえる
- [ ] **rise to the bait**　えさにくいつく；挑発に乗る

＊bait には「釣りや狩りのエサ」、「誘惑するもの」という意味があり、それに向かっていくことからできた表現です。

- [ ] **one's spirit rises**　幸せを感じる

This book is about the rise and fall of the Roman Empire.

## synonyms 類義語

### ●昇る・上がる
- [ ] go up　　□ ascend
- [ ] climb　　□ levitate
- [ ] move up

### ●起き上がる
- [ ] get up　　□ arise
- [ ] get out of bed
- [ ] rise and shine
- [ ] stand up

### ●進む・昇進する
- [ ] advance
- [ ] be promoted
- [ ] get on　　□ progress

### ●増加（大）する
- [ ] increase　□ enlarge
- [ ] go up　　□ grow
- [ ] intensify　□ lift

### ●始まる・起こる
- [ ] originate　□ appear
- [ ] crop up　　□ emanate
- [ ] happen　　□ issue
- [ ] occur　　　□ soaring

### ●反抗する
- [ ] rebel　　□ resist
- [ ] revolt

第2章

143

## 基本動詞重要度ランキング 28

# see

発音【síː】 活用 see-saw-seen

**コアイメージ 見る**

目で何かを「見る」ことにより、それが何であるかを「わかる」のが基本です。

目で何かを「見る」、そしてそれが何であるか、ぴーんと「わかる」イメージです。

## ☐ I **see** well even at night.
私は夜ですらよく見えるのです。

---

**ポイント** 「気づく」「じっくり見て調べる」などの意味もあります。例えば機械などの使い方を教えてもらい、Oh, I see how it works.（なるほど、どのように動くのかわかりました）と言えば「見る」を超えて「認識する」ことを意味します。

**ポイント** see +人／モノ+ doing (do)「（人／モノ）が～している［する］のを見る」は、重要表現のひとつです。
例：I saw Simon talking (talk) with someone in the lobby.
（サイモンがロビーで、誰かと話している〔話す〕のを見ました）

144

## **see** の基本フレーズ

### ▶ 見る
☐ I can't **see** as well as I used to—I'm getting old.
以前のようには、よく見えません。トシですね。

### ▶ わかる
☐ I **see** how you feel. お気持ち、わかります。
[これも覚えよう！] I see what you mean.（おっしゃりたいこと、わかります）

☐ Can't you **see** I'm having a guest?
お客様がいるのだよ。
＊客の相手をしているのだから、待ちなさいというメッセージが隠されているわけです。

### ▶ 予想する
☐ We'll have to wait and **see** how things go.
どのようになっていくか、見守るしかないでしょう。

☐ The artist wanted to **see** a day where all people live in peace.
その芸術家は、すべての人が平和に暮らす日が来てほしいと願った。

### ▶ 見つける
☐ Let's call Ruth and **see** if she's coming.
ルースに電話して、行くか聞いてみよう。

### ▶ 確実にする
☐ Could you **see** to it that Tina gets that financial report? ティナが必ず、その財務報告を受け取るように責任を持ってください。
＊ see to it...で「〜するよう責任を持つ、取りはからう」という意味です。See that your brother does his homework.（弟が必ず宿題をするように見ててね）のように see that...でも表現できます。

### ▶ 会う・訪ねる
☐ You'd better **see** a doctor, and as soon as possible. 医者に診てもらった方が良いですよ。それもできるだけ早く。

145

## 基本動詞重要度ランキング 28

### よく使う表現
### set phrases

CD-2 31

---

□ **see in** ｜ 好きである

▶ I don't know what you **see in** him.

彼のどこがいいの？

＊「彼に何を見ているのか、わからない→何故好きなのかわからない」ということです。

---

□ **it remains to be seen** ｜ ～は今後の課題である；現在はわからない

▶ **It remains to be seen** if we can be successful.

成功するかどうかは、今はまだわからない。

---

□ **see the light** ｜ 真実がわかる；目からうろこが落ちる；メドがたつ

▶ Finally we started **seeing the light**.

ついに光が見え始めた。

**これも覚えよう！** see the light of day（作品などが日の目を見る）

---

□ **see=cheat / hang out** ｜ 浮気する；会う

▶ You are **seeing** a woman.

誰か他の人に会っているのね。

＊浮気しているのね、という意味で使えます。もちろん男性が You are seeing a man. と言うことも可能です。また I've been seeing A a lot. なら、A さんには最近よく会っている、という意味で、別にロマンティックな関係ではなくても使えます。

---

### ○ その他便利な表現

□ **we'll see** 　後で／考えてみよう

＊即答を避けたい場合に用います。

□ **let's see** 　見てみよう

＊何かを言う前の時間稼ぎに使えます。

□ **We'll have to see about that.** 　それについては様子を見ないと。

＊あることが、可能かどうか、良いのかどうかわからない場合に、即答をさけ、様子を見ようという意味です。

□ **I'll see what I can do.**　自分に何ができるか考えてみます／わかりました

＊手伝う気持ちがあることを示します。

□ **I don't see why not.**　いいですね。

＊ yes の意味になります。see nothing wrong も「悪い所を見ない→悪いと思わない→良いですね」という意味です。

□ **See for yourself.**　自分で確かめてください。

□ **As you see it, ...**　あなたが考えるように、〜

＊ as you see fit も「あなたが適切だと思うように」という意味合いです。
＊ The committee can use the money as it sees fit.（その委員会が適切だと思えば、その金を使える）

□ **not see beyond the end of your nose**　目先が利かない

＊自分のことだけにとらわれて、自分の周囲にいる人のことが見えていない状態を表現します。

## synonyms 類義語

### ●見る
- perceive
- behold
- catch sight of
- check out
- spot

### ●わかる
- understand
- appreciate
- catch on
- comprehend
- fathom
- feel

### ●予想する
- foresee
- anticipate
- envisage

### ●見つける
- find out
- determine
- discover

### ●確実にする
- make sure
- guarantee
- take care

### ●会う・訪ねる
- visit
- meet
- keep company with

### ●同行する
- accompany
- attend
- escort
- lead
- usher
- walk

## 基本動詞重要度ランキング 29

# touch

発音 [tʌ́tʃ]　活用 touch-touched-touched

コアイメージ 触る

指や手で直接何かに「触る」が基本です。

> 触れる、接触しているイメージです。

## ☐ Touch it—it's soft, isn't it?
触ってみて、柔らかいでしょう？

---

**ポイント** 人が他の人やモノと、またモノとモノが「接触している」も、touch です。例：**The drapes touch the floor.**（カーテンが床についている）、**My elbow touches the wall.**（私の腕が壁につく／あたる）

**ポイント** 「食べる」「飲む」の意味では、通常否定文を使います。
例：**I never touch the stuff.**（お酒は飲みません／薬はやりません）
＊ the stuff は、アルコールや麻薬などを指します。

# touch の基本フレーズ

> **触る・触れる**

- Don't **touch** the spider—it might be poisonous.
  そのクモに触らないで。毒があるかもしれないよ。

- In this museum, people can learn about clocks by not only seeing but also by **touching** the parts of clocks.
  この博物館では、見るのみでなく、部品をさわることで時計について学べます。

> **影響する**

- The scandal never **touched** Meg, and she rose to become a president of the company.
  醜聞に負けることなく、メグは社長へと登り詰めた。

> **言及する**

- I wouldn't **touch** that issue this time—it can be too controversial.
  今回その問題については述べません。かなりの論争をまきおこしかねないので。

> **感動させる**

- Your performance **touched** everyone there.
  あなたの演技は、あそこにいた人全員を感動させました。

> **飲む・食べる**

- What's wrong? You haven't **touched** your dinner.
  どうかしたの？夕ご飯、食べてないじゃない。

> **匹敵する**

- Our product is the best. Nothing can **touch** it.
  我が社の製品が最高だ。他の追随を許さない。

## 基本動詞重要度ランキング 29

### よく使う表現 set phrases

□ **touch down** — 着陸する

▶ The spacecraft **touched down** on the planet yesterday.
昨日宇宙船がその惑星に着陸した。

□ **touch up** — 改良する；手を入れる

▶ We can still use it, if we **touch up** the part where the paint came off.
そのペンキがはがれている箇所を直せば、まだ使えるよ。

＊名詞の touch-up は「タッチアップ」という日本語で知っている人も多いだろう。

**これも覚えよう!** digital touch-up（デジタル修正）

□ **touch off** — 火をつける；〜の原因となる

▶ In fact, a relatively minor incident **touched off** the crisis.
実際、比較的小さな事件がこの危機を引き起こした。

□ **touch on (upon)** — 〜に触れる

▶ He **touched on** many ergonomic issues during the lecture.
彼は講義中、多くの人間工学に関する問題について触れた。

□ **touch bottom** — 最悪の事態を経験する；底をつく

▶ Economic analysts have kept saying that we haven't **touched bottom** yet.
経済アナリスト達は、まだ底をついてはいないと言い続けている。

＊文字通り「底に達する」という意味で、touch 以外に hit や reach も使われます。

## ○ その他便利な表現

□ **Touch wood.** 悪いことが起こりませんように。

＊幸運の後には不幸が来るという言い伝えがあるので、何か良い話をした後でテーブルなどの木製品に触って言う表現です。

□ **I was touched by his speech.** 彼のスピーチに感動した。

□ **A grin touched his face.** 彼はにやりと笑った。

＊表情が顔を触る、つまり、そういう表情を見せるということです。

The spacecraft touched down on the planet yesterday.

### synonyms 類義語

● 触る・触れる
□ handle  □ contact
□ lay a finger on

● 感動させる
□ move  □ disturb
□ stir  □ upset

● 影響する
□ affect
□ have an effect on

● 飲む・食べる
□ consume  □ drink
□ eat  □ partake of

● (軽く) たたく・なでる
□ hit  □ tap  □ strike
□ stroke

● 匹敵する
□ match
□ come up to
□ compare with

● 言及する
□ mention  □ deal with
□ refer to

**基本動詞重要度ランキング 30**

CD-2 35

# look

発音 [lúk]　活用 look-looked-looked

コアイメージ **見る**

look の後に続ける前置詞に注意しましょう。代表的な前置詞は at です。

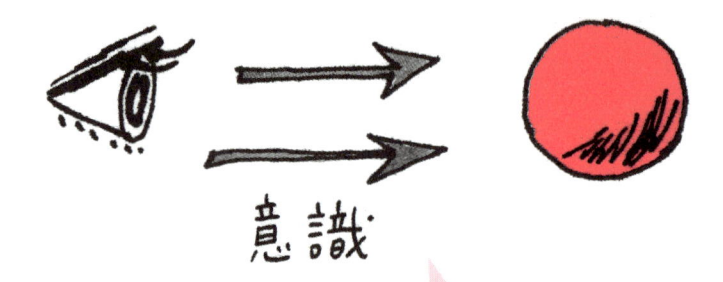

何かを見るために、その何かがある方向へ目を向けて「見る」イメージで、意識もそちらへ集中しています。

☐ **Look at the maps—they are very unusual.**
あの地図を見て。とても変わってるね。

**ポイント**　Look の後に続く前置詞に注意しましょう。
例：**look at the report**（リポートを読む）、**look for**（探す／期待する）、**look through**（〜越しに見る）、**look toward**（〜の方を見る）、**look across**（見渡す）

**ポイント**　「〜のように見える」も重要です。
例：**He looks young for his age.**（彼は実年齢より若く見える）

**ポイント**　嫌なことを言わなくてはいけない場合に、Look.（すまないが、…）と前置きをするだけで、良くないことを聞かされるのだとわかります。

152

# lookの基本フレーズ  CD-2 36

> **見る**

□ He smiled and **looked** away.　彼は微笑んで、目をそらした。

> **見つめる**

□ Then he **looked** me in the eye.
これも覚えよう! look... (straight) in the face（顔をまともに見る）
それから、彼は私の目を見つめた。

> **熟考する**

□ Today, we are going to **look** at the pros and cons of the death penalty.
本日は死刑の是非についてじっくり考えます。

> **〜のように見える**

□ Look at you! You **look** great!　わあ、すてきですね！
＊ look at you は口調次第でひどい顔（様子）だという意味にもなります。

□ Do you think this sweater makes me **look** fat?
このセーターを着ると太って見えるかな？
これも覚えよう! You look like your mother.（あなたはお母さんに似ている）
You look as if [though] you are drunk.（酔っぱらっているように見えるよ）

> **直面する**

□ The hotel stood on a hill **looking** over the water.
そのホテルは、海を見渡す丘の上に立っていた。

> **探す**

□ We've been **looking** for a way out of this difficult situation.　私たちはこの困難な状況からの抜け道を探していた。
これも覚えよう! be looking for trouble
（問題ごとを求めている→軽率な行動をする；喧嘩を売る）

> **望む**

□ They are **looking** to get fit after having babies.
彼らは赤ん坊を産んだ後、体を鍛えたいと思っている。

153

## 基本動詞重要度ランキング 30

### よく使う表現
## set phrases

CD-2 37

### ☐ look after　　〜の世話をする

▶ Now I'm 25. I'm capable of **looking after** myself.
もう25歳なのだから、自分の面倒くらい自分で見られるよ。

### ☐ look forward to　　〜を楽しみに待つ

▶ We all **look forward to** seeing you soon.
君に会えるのを、皆で楽しみにしています。

＊ look forward to の後は、例文のように動詞を続ける場合 ing 形にすることです。look forward to see ではありません。名詞ならそのまま look forward to the party とします。

### ☐ look down on　　見下す；軽蔑している

▶ You can't **look down on** people just because of their jobs.
何の仕事をしているかで人を見下すなんて、だめですよ。

**これも覚えよう！** look down your nose at（（人やモノ）が自分より劣っているような態度を取る）⇔ look up to（尊敬している）

### ☐ look into　　〜を調べる

▶ Our country should **look into** the possibilities of wind-generated electricity.
我が国は、風力発電の可能性を調べるべきだ。

### ☐ look out for　　〜に注意する；〜に目を配る

▶ **Look out for** number one.
自分のことだけを考えなさい。

＊ number one には「自分（自身）」「自分の利益」などの意味があります。

## ◯ その他便利な表現

- □ (I'm) just looking.　見ているだけです。　＊買い物などで使う表現です。
- □ look... up and down　頭の先からつま先まで見る／品定めをする
- □ Look before you leap.　気をつけて。／慎重に。

＊直訳は「飛ぶ前に見なさい」です。

- □ Never (Don't) look a gift horse in the mouth.
  贈り物のあら探しをするな。

＊馬の歯を見て年齢を調べてから馬を飼っていたことからできた表現です。

- □ Look out!　気をつけて！
- □ Look who's here.　誰かと思ったら。

＊予想外の人に出会った時に使います。

- □ Don't look now—here comes Roy.　見ないで、ロイが来た。

＊避けたい人を見かけた時に使います。

- □ strange-looking building　おかしな外見の建物

＊ good-looking boy（イケメン）などいろいろ使えます。

---

### synonyms 類義語

●見る
- □ see　□ check　□ eye
- □ gaze　□ glance

●直面する
- □ face　□ front
- □ overlook

●見つめる
- □ stare　□ gape
- □ gawk　□ goggle

●探す
- □ search　□ forage
- □ hunt　□ seek

●熟考する
- □ consider

●望む
- □ hope　□ anticipate
- □ await　□ expect

●〜のように見える
- □ seem　□ appear
- □ display　□ exhibit

155

## 基本動詞重要度ランキング 11>30

# Review 2

## 基本編

**1** （　）に合う動詞を下から選んで入れましょう。必要があれば、文に合う形にしましょう。

　break　cover　cut　hold　lay　pass　raise　run　work　turn

☐ 1. I have to (　　　　).
（急がなくては）

☐ 2. I (　　　　) my leg while skiing.
（スキーをしていて足の骨を折った）

☐ 3. Does this shelf can (　　　　) these books?
（この棚に、これらの本を置けるだろうか？）

☐ 4. Fortunately, I (　　　　) the test.
（幸運にも私はテストに合格した）

☐ 5. Students (　　　　) the school flag.
（生徒達は校旗を掲揚した）

☐ 6. Do you have a cloth to (　　　　) the sofa?
（ソファを覆う布がありますか）

☐ 7. I (　　　　) my finger when fixing dinner.
（夕食の準備中、指を切ってしまった）

☐ 8. I usually (　　　　) on Saturdays.
（たいてい土曜日は仕事です）

☐ 9. The mother (　　　　) her baby down.
（母親は赤ん坊を寝かせた）

☐ 10. She (　　　　) her back to the lucrative job.
（彼女は儲かる仕事に背を向けた）

## 基本動詞重要度ランキング 11>30

# Review 2

### 中級編

**1** 日本語の意味に合う英語表現になるように、(　) に適切な単語を選んで入れましょう。

```
break  hold  look  pass  raise  rise  run  see  strike  touch
```

☐ 1. (　　　　　) for mayor　（市長選に立候補する）

☐ 2. (　　　　　) out a war　（戦争が起こる）

☐ 3. (　　　　　) back tears　（泣きたいのをこらえる）

☐ 4. (　　　　　) for 20s　（20代で通用する）

☐ 5. (　　　　　) awareness　（意識を高める）

☐ 6. (　　　　　) forward to seeing you
（あなたに会えることを楽しみに待つ）

☐ 7. (　　　　　) down on the earth　（地上に着陸する）

☐ 8. (　　　　　) the light　（メドが立つ）

☐ 9. (　　　　　) from the ashes　（廃墟から立ち上がる）

☐ 10. (　　　　　) up a conversation　（会話を始める）

158

**2** 日本語の意味に合う英語表現になるように、(　)に適切な単語を選んで入れましょう。

cover　cut　draw　fall　fix　lay　set　show　turn　work

☐ 1. (　　　) up a mistake　（ミスを隠す）

☐ 2. be (　　　) out for a nine-to-five job
（9時5時の仕事に向いている）

☐ 3. (　　　) up a company　（会社を設立する）

☐ 4. (　　　) a meal　（食事を作る）

☐ 5. (　　　) off workers　（労働者を解雇する）

☐ 6. (　　　) on the TV　（テレビをつける）

☐ 7. (　　　) up interest　（興味をかきたてる）

☐ 8. (　　　) on your research
（あなたの研究に頼る；基にする）

☐ 9. (　　　) off his new car　（彼の新しい車を見せびらかす）

☐ 10. (　　　) short of the sums　（その金額に達しない）

# Review 2

## 上級編

**1** （　）に下から適切な動詞を1語入れて、日本語の意味に合う英文を完成させましょう。必要があれば文に合う形にしましょう。

> cover　draw　fix　lay　run　set　turn　work

☐ 1. We are (　　　) out of time.
（時間がありません）

☐ 2. He (　　　) the bribery case in full detail.
（彼はその不正事件について詳述した）

☐ 3. I always (　　　) two alarms.
（いつも目覚ましを2つかけている）

☐ 4. The committee allegedly (　　　) the game.
（その委員会が試合を買収したそうだ）

☐ 5. It took us about a year to (　　　) the foundation.
（基盤を築くのにほぼ1年かかった）

☐ 6. We (　　　) around as the bride entered the banquet hall.
（花嫁が披露宴会場に入って来た時、私たちは振り返った）

☐ 7. Fresh air will (　　　) wonders for you.
（新鮮な空気を吸えば、体に良いですよ）

☐ 8. It's too early to (　　　) a conclusion from the results.
（これらの結果から結論を導きだすのは、時期尚早です）

**2** （　）内の動詞を使って、次の日本語を表現しましょう。

☐1. それはもろ刃の剣だ。（cut）

_____

☐2. それで結構ですよ。（work）

_____

☐3. このあたりをご案内します。（show）

_____

☐4. 今年の元旦は日曜日ですね。（fall）

_____

☐5. これをどう思いますか？（strike）

_____

## 基本動詞重要度ランキング 11 > 30

# 解答 Review 2

### 基本編　　　　　　　　　　　　　　　　　　　　　　　　P. 156 - 157

**1**

1. **run**
   ＊「走る」が基本の意味で、「走らなくては→急がなくては」という意味合いで使われる表現です。◯ run 76ページ参照

2. **broke**
   ＊breakの過去形が正解です。「壊す」が基本の意味で、「骨を壊す→骨折する」という意味で使われています。◯ break 80ページ参照

3. **hold**
   ＊「つかむ／抱く」が基本のholdで、shelfがbooksを「つかめる→支える」という意味になります。◯ hold 84ページ参照

4. **passed**
   ＊「テストを通過する→合格する」という意味になります。◯ pass 88ページ参照

5. **raised**
   ＊raiseの基本である意味「あげる」という意味です。過去形、過去分詞形といった時制の活用形を正確に使いましょう。◯ raise 92ページ参照

6. **cover**
   ＊基本の「覆う」という意味で使われています。cloth to coverは「覆うための布」という意味です。◯ cover 96ページ参照

7. **cut**
   ＊cutの基本は「切る」です。◯ cut 100ページ参照

8. **work**
   ＊「働く」「仕事をする」がworkの基本です。◯ work 120ページ参照

9. **laid**
   ＊何かを地面などに「置く」「横たわらせる」が基本です。意味をしっかりつかみ、lieと区別すること、時制の活用形を使い分けることができるようにしましょう。
   ◯ lay 112ページ参照

10. **turn**
    ＊方向を変えるのがturnの基本です。◯ turn 116ページ参照

### 中級編　　　　　　　　　　　　　　　　　　　　　　　　P. 158 - 159

**1**

1. **run**
   ＊他にrun for the door（ドアの方へ走る）、run for 500 hours（500時間もつ；動く）など文脈によっていろいろな意味があります。

2. **break**
   ＊他にもbreakout 〜ing（急に〜し始める）、break out in a rash（急に発疹ができる）などの意味もあります。

3. **hold**
   ＊感情や本心を隠す、抑えるといった意味合いの他、何かを阻害する、禁止するなど、何かをスムーズには前に行かせないイメージです。

4. **pass**
   ＊pass forで、「〜で通る」「通用する」という意味です。

5. **raise**
   ＊「〜を（高い位置に）あげる」のが基本のイメージです。

6. **look**
   ＊look forward to の後に動詞を続ける場合はing形にする点に注意しましょう。

7. **touch**
   ＊touch down on で、「〜に着陸する」でしたね。

8. **see**
   ＊文字通り「光を見る→メドが立つ」「目からうろこが落ちる」などの意味で使われます。

9. **rise**
   ＊全部燃えてしまい、残った灰から立ち上がるという意味合いです。rise from nothing（ゼロ／裸一貫から立ち上がる；身を起こす）も似た表現です。

10. **strike**
    ＊「火をつける」「跳ね上げる」「取り決める」などの意味もあります。

### 2

1. **cover**
   ＊「ごまかす」「着込む」などの意味もあります。

2. **cut**
   ＊「〜に向いている」「適している」という意味でしたね。

3. **set**
   ＊set upは、「組み立てる」「配置する」「根回しする」など、実に多くの意味があります。

4. **fix**
   ＊注意深く置くことが基本のイメージのfixには食事を用意する、身だしなみを整えるなどの意味もあります。全部注意して準備して、ちゃんとしたものにするイメージです。

5. **lay**
   ＊lay offは、「ほっておく」「区切る」「狙いをつける」など様々な意味があります。

## 基本動詞重要度ランキング 11 > 30

## 解答　Review 2

6. turn
   ＊「〜を攻撃する」「〜に依存する」などの意味もあります。

7. work
   ＊「徐々に出世する」「進む」「発展する」「増やす」「練り上げる」などいろいろな意味があります。

8. draw
   ＊情報源として「〜を引き合いに出す」といった意味合いです。

9. show
   ＊自己顕示する、目立とうとするといった意味合いもあります。

10. fall
    ＊short（短い）所に落ちてしまったので、不足している、届かないといったイメージになります。

### 上級編　　　　　　　　　　　　　　　　　　　　P. 160 - 161

**1**

1. running
2. covered
3. set
4. fixed
5. lay
6. turned
7. work
8. draw

**2**

1. It cuts both ways.
2. (That / It) Works for me.
3. I'll show you around.
4. This year New Year's Day falls on Sunday.
5. How does it strike you?

## 第3章
# グループで覚える！
# 基本動詞 40

## 基本動詞 1

# say

**「言う・話す」の仲間**
say, tell, speak, talk, call, mean

発音【séi】　活用 say-said-said

コアイメージ　言葉や文章、考えや意見などを音声化して「言う」

### I'd like to **say** a few words on behalf of the staff.
スタッフを代表して少し挨拶をさせていただきます。

　日本語で、アキコは昨日テストを受けたと言った、という場合の「言う」にぴったりで、"I took the test yesterday," said Akiko. や Akiko said (that) she took the test yesterday. のように用います。

### They **say** it'll be the hottest summer in over 30 years.
この30年で最高に暑い夏になるそうだ。

　誰が言っているのか、不明確な場合も say を使って表現されます。"They say so" is half a lie.（"～だそうだ" というのは、半分うそである）ということわざにもあるように、they が具体的な人を示すのではなく、人から聞いた話として伝える場合に用いられることがあります。これに似ているのが、It is said (that) apples are good for your health.（リンゴは健康に良いと言われている）です。

### What do you **say** to lunch together?
一緒にランチでもどうですか。

　提案をしたり、人を誘ったりする場合にも使えます。

## Let's **say** you are right.
仮に君が正しいとしておきましょう。

## Can you come to my place at, let's **say**, eight?
私の方へ来てくれますか？　そうですねー8時では？

「仮に〜としておこう」「例えば」などを表現することもできます。

## It goes without **saying** (that) you have to abide by the rules.
規則に従うのは当然のことです。

「〜は当然のことだ」「〜は言うまでもない」を表現するのは、it goes without saying (that) 〜で表現します。

### 知っておくと役立つ表現

☐ **Say it to my face.** （私の方を見て言いなさい）

☐ **Whatever you say.** （何事もあなたが言う通りに）
＊口調によっては「はいはい、別に何でもどうでもいいし」といった投げやりな気持ちを意味します。

☐ **Say when.** （いいところで、言ってくださいね）
＊コーヒーにミルクを入れたり、コップに飲み物を注いだりする時に、「それぐらいでいいよ、って所で言ってね」という意味で用います。

☐ **You can say that again.** （本当にその通りです）

☐ **Having said that...** （そうはいったものの）
＊直前に言ったことと方向が違う意見を述べる前置き的な役割を果たします。

☐ **Say grace.** （お祈りをしましょう）
＊食事前の祈りを捧げる時などに聞く表現です。こう言われて、すぐに食べたい子供が"Grace!"と言って、食べようとして親に叱られるのを映画などで見たことがある人も少なくないでしょう。

## 基本動詞 2

# tell

CD-2 39

「言う・話す」の仲間
say, tell, speak, talk, call, mean

**発音** 【tél】　**活用** tell-told-told

**コアイメージ**　単に音声化して言葉を発するのみではなく、誰か特定の人に向かって、何らかの情報を「告げる」「教える」

Can you **tell** me what to do next?
次にすべきことを教えてくれますか？

I want to believe (that) he's **telling** the truth.
彼は本当のことを言っていると信じたい。

　"Tell me!"（教えて！）、He told me to（彼は私に〜するように言った）などのように用いることもできます。

Right. I heard from him. How can you **tell**?
確かに。彼から連絡がありましたよ。どうしてわかるのですか？

There's no **telling** what will happen tomorrow.
明日何が起こるかは、誰にもわからない。

　can (could) tell の形で使われると「わかる」という意味になる場合が多いです。

I'm **telling** you.
話があるのですが。／あのねぇ。／本当なんですってば。

＊重要な話がある時の前置きにしたり、強調したい話の前後に使います。

## I'll **tell** you what.
あのね。／聞いてください。／これはどうだろう。

＊相手の注意をひいて話を切り出す時に使います。"Tell you what." も似ていますが、相手に助言する時の前置きで使われることが多くあります。

## This flashing light **tells** you the machine's still working.
電気が点滅していると、機械がまだ作動しているとうことです。

警告や注意を与える意味合いもあります。

There's no telling what will happen tomorrow.

### 知っておくと役立つ表現

☐ **tell A from B**
  ＊They look so alike. I can't tell one from the other.（彼らはとても似ている。どちらがどちらか見分けがつかない）

☐ **tell the difference between A and B**
  ＊I'm sure these kids can tell the difference between right and wrong.（この子達は善悪の区別ができているはずだ）

☐ **I told you so.** （だから言ったでしょう／ほら見たことか）

☐ **tell off** （叱る）
  ＊You shouldn't tell them off in public.（彼らを人前で叱るべきではありません）

☐ **tell on** （こたえる）
  ＊The strain was beginning to tell on me.（過労が体にこたえ始めていた）

☐ **Don't tell on me.** （私のことを告げ口しないで）

## 基本動詞 3

# speak

**「言う・話す」の仲間**
say, tell, speak, talk, call, mean

発音【spíːk】 活用 speak-spoke-spoken

コアイメージ 誰かに向かって会話をするために「話しかける」

## May I speak to Jane?
ジェーンはいますか？

＊電話での決まり文句です。

　話を始める場合は to を使うことが多く、It's been nice talking with you.（お話できて楽しかったです）のように話が終わってからは、with を使うことが多いようです。ちなみに、speak of は「〜について話す」となります。

## Do you speak any other languages?
何か他の言葉を話しますか？

## They are looking for a Chinese-speaking receptionist.
彼らは中国語を話す受付係を探している。

　ある言語を話す場合も speak を使います。

## I was asked to speak at her wedding reception.
彼女の結婚披露宴でスピーチをするよう頼まれた。

## They spoke in favor of sending the SDF.
彼らは自衛隊派遣に賛成の発言をした。

スピーチを行う場合にも speak を使います。in favor of は、公の場での発言などに用いる表現で、「〜に賛成して」という意味です。逆に speak against を使えば「〜に反対して」という意味になります。

## 知っておくと役立つ表現

☐ **generally (personally / frankly / technically) speaking**
（一般的に［個人的に／率直に／技術的に］言えば ...）
＊Personally speaking, I don't think it's a good idea.（個人的に言って、それはいい方法だとは思えません）

☐ **speak highly of** （〜をほめる）
＊Mr. Tanaka always speaks highly of you.（タナカさんはいつも、あなたのことをほめています）
＊他に speak well [badly / ill] of という表現もでき、順番に「(人)のことを良く[悪く]言う」という意味です。

☐ **Speak of the devil.** （うわさをすれば陰）
＊悪口を言っていると、その当人が現れるという意味です。

☐ **speak up** （大きな声で話す）
＊Could you speak up, please?（大きな声で話してください）
＊speak up = speak louder と同じ意味です。

☐ **speak for** （〜を代弁する；賛成する）
＊speak for yourself.（自分の考えを言いなさい）
＊ただし、自分のことに専念し、他の人のことには口を出すなという意味もあるので、文脈に要注意しましょう。

☐ **There's nothing to speak of.**
（取り立てて言うほどのことは何もない）

☐ **So to speak.**
（言ってみればそうですね／あえて言うなら、そうですね）

## 基本動詞 4

# talk

**「言う・話す」の仲間**
say, tell, speak, talk, call, mean

発音【tɔ́ːk】 活用 talk-talked-talked

コアイメージ 「話しかける」

---

speak に似た意味で使われる場合が多くあります。しかし、speak は、よりフォーマルな場面でのスピーチや会話などに使われます。

### This is the CD I was talking about the other day.
これが先日話していたCDです。

### What are you talking about?
いったい何の話？

### I know what I'm talking about.
いいかげんなことを言っているのではないんです。

talk は about を続けて、「～について話す」という使い方をする場合が多いです。

### Today I will talk about Japan's role in the global community.
今日は国際社会における日本の役割について話します。

国会や正式なパーティといったフォーマルな場面以外で、例えば授業で教師が「話す」場合や、クラスメートの前で「今日は～について話します」などのようにスピーチをする場合には talk を使います。

ただし、「会談」という意味で名詞の talk を使うように、動詞でも The prime minister is ready to talk with his British counterpart.（首相は、英国首相と会談する準備が整っている）という用法もあります。

## Eric started talking when he was one year old.
エリックは1歳で話し始めた。

「赤ちゃんが言葉を口にする」「オウムが口まねをする」なども talk を使います。

### 知っておくと役立つ表現

- **talk shop** （商売の話をする）
  - ＊If you talked shop all the time, people wouldn't like it.（いつも商売の話ばかりをしていては、人から嫌われます）
  - ＊似た形に talk dirty（嫌らしい話をする）、talk tough（強がりを言う）、talk trash（くだらない話をする）、talk sense（理にかなったことを言う）などがあります。

- **Talk the talk and walk the walk.**
  （話すべき時にはちゃんと話し、実行する時にはちゃんと行動しなさい／有言実行しなさい）

- **Talk turkey.** （真剣に話し合おう）

- **talk into** （〜へと説得する）
  - ＊My father wasn't happy about it, but I talked him into it.（父はそれに乗り気ではなかったが、私が説得した）⇔ talk... out of doing〜（（人）を〜しないように説得する）

- **talk one's way out of** （うまいことを言って切り抜ける）

- **talk back** （口答えする）

- **talk down** （言い負かす；けなす）

## 基本動詞 5

# call

> 「言う・話す」の仲間
> say, tell, speak, talk, call, mean

発音【kɔ́ːl】　活用 call-called-called

コアイメージ 「呼ぶ」「名付ける」

### My name is Daniel—please call me Danny.
私の名前はダニエルです。ダニーと呼んでください。

### And you call yourself a doctoral student?
それでも博士課程の学生か？

＊直訳すれば、「自分自身を a doctoral student と呼ぶのか？」となります。勉強もしないで厚かましいという批判になります。

　call A B の形で使います。A の部分は、人またはモノがきます。

### May I ask who's calling?
どちらさまですか？

＊直訳すれば、「誰が電話をかけているのかお尋ねしてもいいですか」となります。電話での決まり文句です。

### Will Eric call me again or should I call back?
エリックがまた電話をくれるのですか、それとも私が折り返し電話をかけ直すべきですか？

　「電話をかける」(telephone / phone) という意味でも使われます。名詞の call も make a call という形で用いられます。

# The management is going to **call** a meeting to discuss the new projects and budgets.
経営陣は会議を開き、新しいプロジェクトと予算について話し合う予定だ。

　会議を「招集する」、裁判所へ出頭を「命ずる」という意味を表現するには、summon、assemble、convene、muster などの難しい単語がありますが、これらの代わりに call でも表現できます。

May I ask who's calling?

## 知っておくと役立つ表現

☐ **Let's call it a day.** （今日はこれで終わりにしましょう）
＊直訳すれば、それを1日と呼ぶということです。これに似ているのが、call (off) a game（試合を中止する）です。

☐ **call off** （キャンセルする）

☐ **call a spade a spade** （率直に言う）

☐ **call the shots** （仕切る）

☐ **call a bluff** （はったりをかける）
＊bluffは「はったり」の意味で、call someone's bluffには、「開き直る」といった意味の他、「はったりを見抜く」という意味もあります。

☐ **call for** （〜を要求する）

☐ **call in sick** （病欠の電話を入れる）

## 基本動詞 6 mean

「言う・話す」の仲間
say, tell, speak, talk, call, mean

発音【míːn】 活用 mean-meant-meant [mént]

コアイメージ 「意味する」

### What does this word mean?
この単語はどういう意味ですか？

### What do you mean by that?
それって、どういう意味？

単語や標識、人が言った言葉や態度などが表現しようとしているものを mean で表現します。

### My kids mean a lot to me.
私にとって子供達はとても大切です。

何かが自分にとって、多くの意味を持つということは、つまり「重要である」ということです。mean には important（重要な）の意味もあります。

また、相手の言った内容に対して、Thanks. That means a lot to me. と言えば、相手の言ったことが、自分にとって大きな意味を持つという意味になります。あるいは、何かをしてもらってこのお礼を言えば、相手のしてくれたことでとても助かる、といった意味合いになります。

## I **mean** to read these books during the holiday.
休暇の間、これらの本を読むつもりです。

＊ be mean to 人となれば、この mean が形容詞で使われ、その人に対して意地悪であるという意味になります。

　mean to do で、「〜するつもりである」という intend と同じ意味になるので、この用法にも注意しましょう。

## We were **meant** to be together.
私たちは一緒になる運命なのです。

　また be meant to は主語が人の場合「〜する運命にある」、モノが主語の場合は「〜するように作られている」といった意味で用いられます。

## Martin, I **mean** Mark, took care of that.
マーティンが、いえ、マークがそれを処理しました。

　その他、I mean を「つまりですね」と自分が言ったことをさらに説明する場合や、言い間違いをして訂正したい場合に使うことができます。no, sorry などの代わりに使いたい一言ですね。

---

### 知っておくと役立つ表現

☐ **I mean it.** （本気です）

☐ **(Do you) Know what I mean?**
（私が言っていること、わかりますか？）

☐ **mean well** （良いと思っている）
　＊I know my mother means well, but she's pushy and I often get annoyed. （母が良かれと思っていることはわかるのですが、押し付けがましくて、よくうんざりします）

☐ **mean business** （真剣である）

## 基本動詞 7

# carry

「運ぶ」の仲間
*carry, bring, bear*

発音 [kǽri]　活用 carry-carried-carried

コアイメージ　かばんなどを持ち上げて、どこかへ「運ぶ」

I'll get the boys to **carry** your suitcase upstairs.
息子達に、あなたのスーツケースを2階へ運ばせますね。

The truck was **carrying** relief goods.
そのトラックは救援物資を輸送中だった。

車や電車などが人や品物を「運ぶ」場合にも使えます。

Do you always **carry** that much cash?
いつもそんなに大金を持っているのですか？

ポケットやバッグに入れて「運ぶ」「携帯する」、また「妊娠している」などの意味もあります。

Magazines often **carry** fortune-telling articles based on blood types and astrology.
雑誌はよく血液型占いや占星術を載せている。

The shop **carries** a wide variety of do-it-yourself tools.
あの店には、多種多様な日曜大工用具がそろっている。

店が商品を「販売している」「取り扱っている」「取り揃えている」、新聞や雑誌が記事などを「掲載している」、放送局が「放送する」という意味でも用いられます。

　その他、病気に「感染している」（carry a disease）、貧困層を「支援する」（carry the poor）などの意味もあります。

## 知っておくと役立つ表現

- **carry off** （うまくやる）
  **これも覚えよう!** carry off important missions（重要な任務を成し遂げる）
  carry off the prize（賞を獲得する）

- **carry on** （続ける）
  **これも覚えよう!** carry on a conversation（会話を続ける）

- **carry out** （実行（遂行）する）
  **これも覚えよう!** carry out orders [instructions]（命令［指示］を実行する）

- **carry over** （持ち越す）
  ＊Five days of vacation time will be carried over into next year.（休暇5日分が来年に持ち越されます）

- **carry through** （最後までやり抜く）

- **carry away** （夢中になる；持ち去る）
  ＊You tend to get [be] carried away.（はしゃぎすぎる傾向がある）
  ＊何かに夢中になって我を忘れる様子を表現します。

- **carry weight** （重要である、影響力がある）

- **carry a torch for** （片思いをする）

- **can't carry a tune** （音痴である）

- **carry a (heavy) burden (load)**
  （（重い）荷物［責任］を背負う）

- **as fast as his (her) legs could carry him (her)**
  （できるだけ速く）

## 基本動詞 8

# bring

CD-2 45

「運ぶ」の仲間
*carry, bring, bear*

**発音**【bríŋ】　**活用** bring-brought-brought

**コアイメージ** 自分がどこかへ行く時に、人やモノを一緒に「連れて行く」「持って行く」

## Did you bring something to eat?
何か食べるもの、持って来た？

## You need nothing—just bring yourself.
何もいりませんよ。手ぶらで来てね。

＊「自分自身だけを連れて来て→他は何もいらない」というわけです。

## What brings you here?
なぜ、ここに来たの？

＊直訳は「何があなたをここに連れて来たのか？」です。

## They tried to bring art to the public.
彼らは一般大衆に芸術をもたらそうとした。

## The movie brought bitter criticism from viewers.
この映画を見た人たちは厳しく批判した。

　何か新しいものを「もたらす」「(引き)起こす」、人から何らかの反応を「引き起こす」、何らかの結果を「招く」などの意味でも用いられます。

## This program is brought to you by Sun & Moon.
この番組はサン＆ムーンがお届けしました。

＊番組をもたらした、つまりスポンサーであるわけです。テレビなどで上のような言葉を聞いたことがある人も多いでしょう。

## 知っておくと役立つ表現

- **bring about** （〜をもたらす；起こす）
  **これも覚えよう！** bring about change in... （〜に変化をもたらす）

- **bring... around** （（人／モノ）を持って来る）
  ＊人やモノを周囲に「連れて来る」「持って来る」イメージです。

- **bring... around** （（人）を説得する）
  ＊bring him around to lead the committee （その委員会の長となるよう説得する）

- **bring back** （戻す；思い出させる；復活させる）
  ＊bring back memories to （（人に）思い出させる；いろいろな思いがこみ上げて来る）

- **bring down** （下げる；（機能を）停止させる；転覆する）
  **これも覚えよう！** bring down prices [costs] （値段［コスト］を下げる）
  bring down the government （政府を打倒する）
  bring down the house （公演などが大喝采を浴びる）

- **bring forward political reform (legislation / policies)** （政治改革［法律／政策］を提案する；導入する）

- **bring in $500 million** （500万ドルの収益をもたらす）

- **bring in a verdict (of guilty)** （（有罪の）判決を下す）

- **bring home the bacon** （家族を養う）

- **bring tears to your eyes** （目に涙を浮かばせる）
  ＊bring a lump to your throat （（感動や悲しみなどで）泣きそうになる；胸にこみ上げる）

- **bring your own bottle** （飲み物持参）
  ＊招待状にBYOBと書かれていたら、自分でワインなどの飲み物を持って来てくださいという意味です。

- **bring... to heel** （従わせる）
  ＊かかとの所に人や犬などを持って来るわけです。

## 基本動詞 9

# bear

「運ぶ」の仲間
*carry, bring, bear*

発音 [bέər]　活用 bear-bore-born / borne

コアイメージ 何かを「運ぶ」「持って行く」

> We gathered to celebrate their wedding, **bearing** gifts.
> 私たちはプレゼントを持って、彼らの結婚を祝うため集まった。

> Since you are responsible for the damage, you should **bear** the expense of repairing it.
> 損害の責任はあなたにあるのだから、修理代も持つべきです。

> Young people will have to **bear** the burden of supporting elderly citizens.
> 若い人たちが高齢者層を支えるための負担を負わなければならないだろう。

　また「運ぶ」という基本の意味から荷物の重さを「負う」、荷物に対する責任を「持つ」などの意味へと広がっていきます。

> The child bravely **bore** the pain.
> その子供は、果敢に痛みを耐えた。

> I can't **bear** the thought of exploiting young children.
> 小さな子供達を搾取すると考えるだけで耐えられない。

　重みなどに「耐える」という意味もあります。
　the list bears the names of... (〜の名前が「載っている」リス

ト)、a person bearing the description（この描写にある「特徴がある」人）などのように、「所有する」という意味合いもあります。

　この他、bear right (left)（右［左］に曲がる）、bear children（子供を産む）などがあります。

## 知っておくと役立つ表現

- bear <u>on</u> (upon) （〜を圧迫する；〜に影響する）
- bear out （裏付ける；証明する）
- bear up （困難に勇気を持って立ち向かう）
- bear... in mind （〜を心に留める；忘れない）
- bear fruit （(植物、努力が) 実を結ぶ）
- grin and bear it （笑って耐える；不平などを言わずに耐える）
- bear a <u>resemblance</u> (relation) to
  （〜と類似点［関連性］を持つ）
- bear the scars of （〜の傷跡がある）
- bear the <u>strain</u> (pressure) （重圧に耐える）
- bear the brunt of （〜の矢面に立つ）
- bear... a grudge / bear a grudge against
  （人に対して恨みを抱く）
  ＊bear maliceも同意です。
- bear witness to one's innocence （人の無実を証言する）
- bear oneself （ある行動をとり；自分の人格や性格を示す）
  【これも覚えよう】 bear oneself gracefully しとやかにふるまう
  　　　　　　　bear oneself honorably 名誉ある行いをする
- bear down on （〜を威圧する）
- Bear with me. （ちょっと我慢して聞いてください）

## 基本動詞 10

# throw

「ボール」の仲間
*throw, catch, drop, roll*

発音 【θróu】　活用 throw-threw-thrown

コアイメージ：腕を使いボールや石などを「投げる」

> Some children were **throwing** balls and others were running around.
> ボール投げをしている子供たちや、走り回っている子供たちがいた。

> Can you **throw** me an orange?
> オレンジを投げてくれる？

＊このようにやさしく投げる場合にも使えます。

> After **throwing** his bag on the sofa, Ted went out again.
> バッグをソファに放り投げて、テッドはまた出かけていった。

　throw away（（ごみなどを）捨てる）を覚えている人は多いのではないでしょうか。放り投げる感じがよく出ている表現です。コートやバッグなどを無造作に「放り投げる」場合にも使えます。

　柔道やレスリングで相手を「投げ飛ばす」、犯罪者を監獄に「投獄する」(throw... into prison (jail)) なども表現できます。また何かに没頭する場合も throw を使って表現できます。

> After breaking up with his girlfriend, Todd's **thrown** himself into his work.
> トッドは恋人と別れて以来、仕事に没頭している。

　自分自身を仕事に投げ入れている、ということでわかりやすいでしょう。また throw... into <u>confusion</u> (chaos / disarray)（（人）を混乱

に陥れる）などの表現もできます。
　こういった「投げる」イメージから、パーティを企画し「開催する」場合も throw a party と言えます。招待する人たちに向かって、パーティという行事を投げる感じです。

---

### 知っておくと役立つ表現

□ **throw up = vomit** （(気分が悪くて) 吐く）

□ **throw one's weight around**
（権力を振り回す（乱用する）；威張り散らす）
＊ You like to throw your weight around—does it make you feel important? 威張るのが好きですね。それで自分が重要人物だという気分になりますか？

□ **throw one's weight behind** （影響力を用いて；(人) を応援する）
＊ behindの後は、人以外にthe proposal, the projectなどのように応援する対象が来ます。

□ **throw a fit (tantrum)** （怒る；かんしゃくを起こす）
＊ throw (temper) a tantrumは、よく子供がかんしゃくを起こす様子に使われます。

□ **throw the book at** （～を厳しく罰する）
＊ 規則について書かれた本を投げつけるので、厳しく罰するという意味になる、面白い表現です。

□ **throw one's head back** （頭をのけぞらせる）

□ **throw good money after bad**
（失敗した商売にさらに金をつぎ込む）
＊こんなことをすると、throw one's money down the drain（金をどぶに捨てる）ことになるかも。

□ **throw in one's face** （(人) にしっぺ返しをする）
＊inをatやintoにすると、投げつけるという意味になります。

□ **throw one's cards down face up** （正直に手のうちを見せる）
＊カードの表面を見せて投げるので、正直なのです。

□ **throw cold water on**
（～に冷水を浴びせる；水を差す；けちをつける）

## 基本動詞 11

# catch

> 「ボール」の仲間
> *throw, catch, drop, roll*

発音 [kætʃ]　活用 catch-caught-caught

**コアイメージ** 動いているものを「つかまえる」「つかむ」

　走っている人、投げられたボールなどを、しっかりとらえて、その動きを止めることが基本のイメージです。

| "Throw me an apple."　リンゴ、投げて
| "Sure. **Catch**!"　いいよ。取ってね！

| I have to **catch** the 11:30 train to make it on time.
| 間に合うように着くために11時半の電車に乗らなくては。

　猫が鳥を「つかまえる」、人が魚を「釣る」、電車やバスなどに「乗る」ことも catch で表現できます。

| They were **caught** red-handed selling drugs.
| 彼らは麻薬を売っている現場を見つかった。

＊似た表現に catch in the act があり、The robbers were caught in the act.（強盗たちは現場でつかまった）のように使います。また激しい雨や嵐などに会った場合も、I was caught in a storm. と表現できます。

　警察が犯人を捕まえる場合にも catch を使って The police caught the murderer.（警察は殺人犯を逮捕した）と表現できます。

| I **caught** a cold while I was on vacation.
| 休暇中に風邪をもらってしまった。

　病気に「感染する」「うつる」も、catch で表現できます。

この他に、catch するものは、catch one's attention（人の注意をひく）、I couldn't catch your last name.（あなたの氏名が聞こえませんでした、わかりませんでした）など、さまざまです。

## 知っておくと役立つ表現

☐ **catch up with** （～に追いつく；同じレベルになる；遅れを取り戻す）
＊長い間会っていなかった人と話をして、お互いの様子などを知らせ合うことなども含みます。

☐ **catch hold of** （～をつかむ；理解する）
＊(Do you) Catch my drift?（私が言っていること、わかりますか？）

☐ **(I'll) Catch you later. (See you later. / Goodbye.)** （またね／後でね／さようなら）

☐ **catch it (hell)** （ひどく叱られる）
＊The children caught [got / took] it in the neck. のようにcatch以外にgetやtakeも使えます。またin the neckもよく一緒に使われ、首根っこをつかまれているイメージが出ます。

☐ **catch a glimpse of the singer**
（その歌手をチラッと見る；垣間みる）

☐ **catch a whiff of his cologne** （彼のコロンに気づく）
＊気配に気付くという意味もあります。

☐ **catch fire** （火がつく）
＊This curtain won't catch fire easily.（このカーテンは簡単には引火しません）

☐ **catch one's eye** （目を引く；目が釘付けになる）
＊The pretty woman caught my eye.（そのきれいな女性に、私の目は釘付けになった）

☐ **catch one's breath** （一息つく；息をのむ）

☐ **catch some Zs (= sleep)** （寝る）
＊通常「少し寝て来る」という場合に使います。日本語では寝息を「すやすや」「すーすー」のように表現しますが、英語ではZzzzz...のように表現します。

☐ **You won't catch me doing...**
（～しているところをつかまえることはない→私は絶対～しない）

## 基本動詞 12

# drop

「ボール」の仲間
*throw, catch, drop, roll*

**発音** [dráp]　**活用** drop-dropped-dropped

**コアイメージ** 持っていたものを「落とす」

---

**I dropped a coffee cup and it broke.**
コーヒーカップを落として割ってしまった。

**Those planes dropped bombs over the city.**
それらの飛行機は、市内一帯に爆弾を落とした。

　通常うっかりと落としてしまう場合に用いられますが、爆弾を落とす場合にも drop が使われます。

**The tray I put down carelessly dropped to the floor.**
適当に置いた皿が床に落ちた。

　何かが高い所から低い所に「落ちる」場合も表現できます。

**The company's stock price dropped from 980 yen to 490 yen yesterday.**
その会社の株は 980 円から 490 円に下がった。

**これも覚えよう!** dropped by ～ %（～%下がった）

　物価などが「下落する」、温度が「低下する」と言う場合にも drop を使い、前置詞との組み合わせでいろいろな表現ができます。

**Can you drop me around Thousand Books?**
サウザンド・ブックスのあたりで降ろしてくれますか？

　人を車から「降ろす」場合にも drop を使います。

# Drop everything and just run to the designated area when the alarm sounds.
アラームが鳴ったら、何もかもやめて指定場所へ走ってください。

何かしていたことを「やめる」、考えていたことを「あきらめる」(drop the idea) という意味でも drop を使うことができます。持っていたものを落とすことからイメージしましょう。

## 知っておくと役立つ表現

- **drop out** （脱落する）
  *He dropped out of college.（彼は大学中退だ）

- **drop off** （～から落ちる；落第させる）
  *drop off to sleep（眠りに落ちる；うとうとする）

- **Drop it.** （もうやめておきなさい）
  *Let it drop.も同じ意味合いで、何かについて話すのを、話しても無駄なので、あるいは誰かを怒らせたるので「やめておけ」という場合に使われます。

- **drop dead** （突然死ぬ）

- **drop ... like a hot potato** （恋人と別れる；人と縁（つきあい）を切る）
  *熱いじゃがいもを手にして、あわてて落とすイメージから。

- **work (shop) till you drop** （疲れきるまで働く[買い物をする]）

- **drop... a line (note)** （一筆（手紙を）書く）

- **drop a hint** （ヒントを与える）

- **drop the ball** （失敗する）
  *球技でボールを落とすと失点になるイメージです。

- **drop a bombshell (bomb)** （爆弾宣言をする；驚かせる）
  *文字通り爆弾を落とすという意味で使われることもあります。

- **drop one's voice** （声をひそめる）

- **drop anchor** （いかりを下ろす；落ち着く）

- **drop names** （自分を偉く思わせるために；(有名人などの) 名前をあげる）

第3章

## 基本動詞 13

# roll

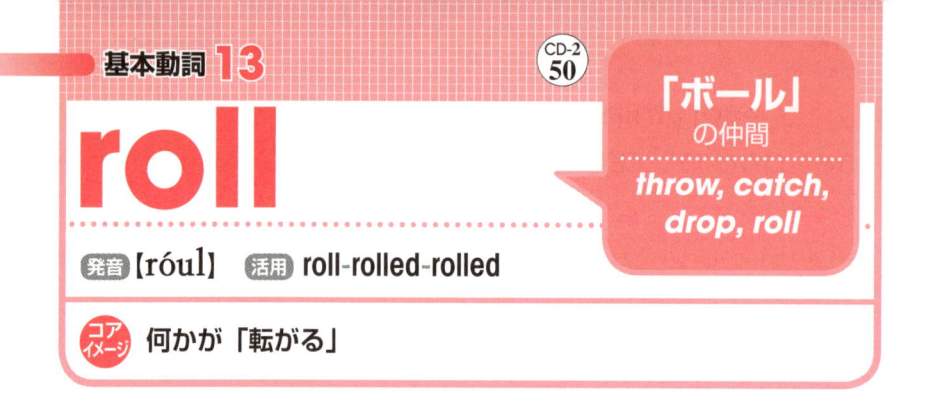

CD-2 50

「ボール」の仲間
*throw, catch, drop, roll*

**発音**【róul】　**活用** roll-rolled-rolled

**コアイメージ** 何かが「転がる」

| The egg **rolled** off the table.
卵がテーブルから転がり落ちた。

| My dog can **roll** over.
私の犬は、転がる芸ができるよ。

　通常、丸いものが「転がる」、あるいは人が何かを「転がす」という意味で使われます。また人や動物が寝て転がる様子も表現できます。

　キャスターがついたワゴンなどを押す場合にも roll を使い、roll the cart over to the table（テーブルの方にカートを押す）と表現できます。これはキャスターが転がって動くイメージです。

　模造紙などをクルクルと「巻く」「丸める」場合、roll up the paper といいます。また波や雲などが一定方向へと動く様子は、A wave rolled over the island.（波は島の方へ押し寄せた）と表現できます。

| The airplane **rolled** suddenly to the right.
飛行機は急に右へ傾いた。

　飛行機が「ロールする」というのは日本語で聞いたことがあるでしょう。機体が、片方に傾くことを指します。

　サイコロを振る場合にも、Let's roll for it.（サイコロを振って決めよう）と roll を使うことができます。また涙が流れる様子も、the tears rolled from one's eyes.（～の目から涙が流れる）と表現できます。

## 知っておくと役立つ表現

- roll your eyes （目をむく；あきれたという表情をする）
- roll around （(時間／季節) 巡ってくる）
  ＊何かが定期的におこる様子を表現します。例えば、by the time bedtime rolls around...（寝る時間になる頃には...）、when the summer rolls around...（夏になる頃には...）などのように使えます。
- roll back （値段が下がる；(影響力などが) 弱まる）
- roll down （転がり落ちる）
- roll in （(金や利益などが) 転がり込む）
- roll out （平らにする；出かける；起きる）
  ＊ローラーで伸ばすイメージです。
  **これも覚えよう！** roll out of bed （起きる）
  roll out the red carpet （大歓迎をする）
  ＊赤いカーペットを引いて出迎えるイメージです。
- roll over （転がる；めぐって来る）
- roll up （巻いて上げる）
  **これも覚えよう！** roll your sleeves up （袖をまくる；気合いを入れる）
- be rolled into one （いくつかのものが一緒になっている）
  ＊This is our kitchen, dining and living room all rolled into one. （ここは、キッチン、食堂、そしてリビングが一緒になっている部屋です）
- Let's get rolling. （さあ、取りかかろう）
- be rolling in money (it) （うなるほど金がある）
- A rolling stone gathers no moss. （転石コケをむさず）
  ＊絶えず移動して1ヵ所に定住しない人は成功しないという意味と、いつも活動的で良いという意味と両方に解釈されるようです。
  **これも覚えよう！** rolling stone （転石／住所不定の人；職をよく変える人）
- start the ball rolling （(会話／仕事などを) スムーズに始める）

## 基本動詞 14
# lift

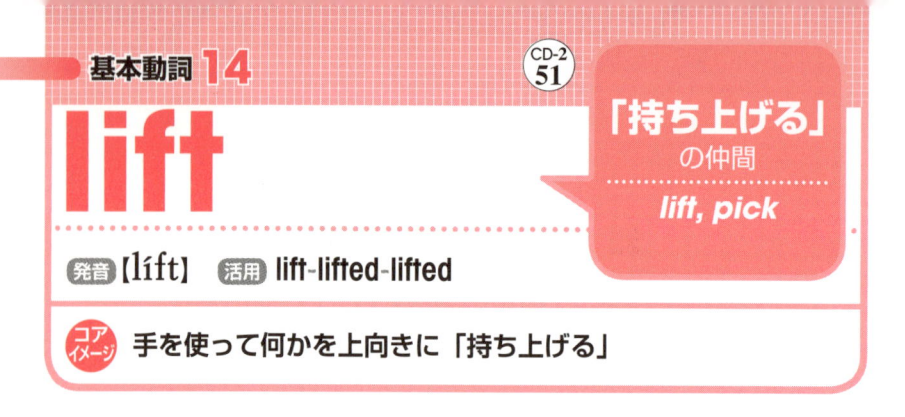

「持ち上げる」の仲間
*lift, pick*

発音 [líft]　活用 lift-lifted-lifted

**コアイメージ** 手を使って何かを上向きに「持ち上げる」

### Could you please help me lift this box?
この箱を持ち上げるの、手伝っていただけますか？

＊バレエなどのダンスで、パートナー（通常男性が女性）を持ち上げる場合も lift を使います。

### As I heard the door open, I lifted my eyes from the magazine.
ドアが開く音を聞いたので、雑誌から目を上げた。

　指や腕を動かしたり (lift my arms)、目や頭を動かして「見上げる」様子も lift で表現できます。

### Cheerful music lifts my spirits.
陽気な音楽は、私を元気づけてくれる。

### When he gave us a pep talk, our spirits lifted.
彼が叱咤激励をした時、私たちの士気が高揚した。

　気持ちを上向きにする場合も lift (up) one's spirits という表現を使えます。

## The government plans to lift its ban on imports of Japanese agricultural products.
その政府は日本の農産物輸入禁止を解くつもりだ。

＊ban の他、sanctions（制裁措置）、restrictions（制限）、embargo（禁輸）、emergency rule（非常事態宣言）、evacuation order（避難勧告）などもよく使われます。

　何かを禁じている法律などを「解禁する」という意味でも lift を使えます。

　その他、政府や機関などが、人材や物資を「空輸する」（lift people (goods)）、銀行などが利率を「上げる」（lift its rate）、霧などが「晴れる」（fog lifts）、野菜を掘り起こす (lift root vegetable)、しわとり手術をする (lift) など、多様な意味で使われます。

Cheerful music lifts my spirits.

### 知っておくと役立つ表現

☐ <u>not (never) lift a finger to</u>　（～しない；～するのに指1本上げない）
　＊lift a little finger（小さなことにでも反応する）

☐ **lift one's voice against**　（～に抗議の声を上げる）

☐ **lift the roof**　（大騒ぎをする）

☐ **lift off**　（（ロケットなどを）打ち上げる）

## 基本動詞 15

# pick

「持ち上げる」の仲間
*lift, pick*

発音【pík】 活用 pick-picked-picked

**コアイメージ** たくさんあるモノの中から、好きなモノを見つけ、指でつまみ上げて「選ぶ」

**That magazine picked Mark Zuckerberg as person of the year.**
その雑誌は、マーク・ザッカバーグを今年の最重要人物に選んだ。

**Wen was picked for the national team.**
ウェンは、国の代表チームに選ばれた。

**My father always picks herbs from the backyard when cooking.**
父は料理する時、いつも裏庭からハーブを摘む。

花などを「摘む」という意味もあります。

けんかをふっかける (pick a fight) は、けんかのネタを拾っているイメージです。指を使って、人のポケットから何かを盗む、つまりスリは pick one's pocket と表現できます。

指で何かをつまむイメージとして、pick one's nose (teeth) という表現があります。「鼻［歯］をほじる」という意味で、花を摘むのとは落差がありますが、指を使って何かを今いる（ある）所から remove（取り除く）点では同じです。

## 知っておくと役立つ表現

- **pick up** （買う；上向く）
  *基本は「持ち上げる」「拾い上げる」で、他に「言語を習得する」「（スピードを）増す」など、多様な意味に使われます。
  *The economy is picking up.（景気が回復している）
  *I'll pick you up at the station.（駅に車で迎えに行きます）

- **pick out** （選ぶ）
  *I picked out a nice tie for you.（あなたに素敵なネクタイを選びました）
  *基本はchooseと同じ意味の「選ぶ」ですが、他に「見つけ出す」「識別する」などの意味もあります。

- **pick on** （いじめる；～を選ぶ）
  *The boys picked on my brother.（その子達が、弟をいじめたんです）

- **I have a bone to pick with you.**
  （あなたに文句がある）

- **pick your way** （ゆっくり進む）
  *道を拾って進んで行くイメージです。

- **pick someone's brains**
  （人の知恵を借りる；助言をしてもらう）

- **handpicked** （手摘みの；厳選された）
  *freshly picked herbs（摘みたてのハーブ）

- **pick at** （～のあら探しをする；～に文句を言う）
  **これも覚えよう！** pick... to pieces（(人/モノ)を酷評する；ボロクソに言う）

- **pick a lock with a pin** （ピンで鍵を開ける）

- **pick a winner** （勝者を予想する）

- **pick over** （選り抜く；話し続ける）

# 基本動詞 16

## push

CD-2 53

「押す・引く」の仲間
*push, pull*

発音【púʃ】 活用 push-pushed-pushed

**コアイメージ**「押す」

---

**I pushed the door open.**
ドアを押して開けた。

手や腕、肩などで、何かを押して動かすことです。

**Push the red button when you think an option is correct.**
選択肢が正しいと思ったら、赤いボタンを押してください。

　カメラなどの機械類を作動させるために、スイッチやボタンを押す場合にも、push が使えます。押して作動させるという点では、基本のイメージそのままです。

**I pushed my way to the front row.**
私は最前列まで押し進んだ。

＊ちなみに push one's way to the top は頂点に上り詰めるという意味で、いろいろな苦労を押しのけて進むイメージです。

　混雑した場所で人を押しのけるような場合にも push が使えます。

**You can't push your kids to study harder.**
子供にもっと勉強するよう矯正すべきじゃない。

　考え、主義主張などを「押し進める」、人を「説得する」、「無理強いする」などの意味でも push を使えます。

# The new system is supposed to **push** down the cost of production.
新しいシステムにより、生産コストが下がる見込みです。

　量や数の増減、価値の上下なども push up、push down で表現できます。

I pushed the door open.

## 知っておくと役立つ表現

- **Don't push your luck.** （図（調子）に乗るな）
  * push it も同意です。

- **She's been pushing him around.**
  （彼女は彼をいじめて（こき使って／振り回して）いる）

- **push one's buttons** （怒らせる）

- **push... to the back of one's mind**
  （〜を気にかけない）
  * push... aside も同意です。

- **push ahead (forward)** （〜を押し進める）
  * push along, push on も同意です。

- **push off** （出発する）
  * Time to push off.（おいとまする時間です）
  * push off もいろいろな意味を持つので文脈に注意しましょう。例えば、push 人 off from the stairs（人を階段から突き落とす）、push off from...（〜から始める；蹴りだす）などがあります。

## 基本動詞 17

# pull

「押す・引く」の仲間
*push, pull*

**発音** 【púl】　**活用** pull-pulled-pulled

**コアイメージ** 何かを自分の方に動かす、つまり「引く」「引き寄せる」

### I got in the car and pulled the door shut.
車に乗ってドアを閉めた。

　自分が車に乗って、ドアを閉める場合は、自分の方にドアを引くことで、閉まるわけです。

### I quickly pulled my hand out of the box.
私は急いで、その箱から手を出した。

　「押」「引」ではなく、push、pull と記されているドアがありますが、押して開く場合は push、引いて開く場合は pull で、まさにドアを自分の方へ引き寄せる、あの動作が pull の基本です。

　歯や草などを「引き抜く」は pull out です。ちなみに、A is like pulling teeth. という表現は、「A は歯を抜くみたいだ→とても難しい、簡単ではない」という意味です。英語圏でも日本語圏でも、歯を抜くのは同じようにいやなものなのです。

　列車が駅に入って来る様子は pull into the station、何かをひきずっている様子は pull something behind you など、前置詞との組み合わせでいろいろな意味を表現できます。

肉離れや筋違いなど、筋肉を痛めた場合は pull a muscle と表現します。確かに筋肉が引っぱられるような痛さと言えるかもしれません。

## 知っておくと役立つ表現

- **pull strings** （裏で糸を引く；黒幕になる）
- **pull your weight** （自分の役割を果たす）
  *直訳すると、体重を使って引くという意味です。
- **pull one's leg** （からかう）
  *「足を引っ張る」とは違うので注意しましょう。
  　これも覚えよう! **pull a joke**（からかう）
  　　　　　　　　**pull a prank**（(驚かせて面白がるような)いたずらをする）
- **pull the wool over one's eyes** （だます）
  *pull a fast one on や pull a trick on も同意です。
- **pull a stunt** （離れ業（人が驚くようなこと）を成し遂げる）
- **pull down** （金を稼ぐ）
- **pull for** （〜を応援する）
- **pull in** （車などを脇によせて止まる）
- **pull off** （うまくやってのける）
- **pull on (off) one's shirt** （シャツを着る［脱ぐ］）
- **pull out all the stops** （成功させるためにできることは何でもする）
- **pull over** （車を寄せて止める）
  *pull up、pull in、pull off にも似た意味があります。
- **pull through** （(困難を)乗り越える）
- **pull together** （力を合わせる）

## 基本動詞 18
# live

「衣食住」の仲間
*live, grow, eat, wear, pay, send*

**発音** [lív]　**活用** live-lived-lived

**コアイメージ**「生きている」

### Women usually **live** longer than men.
女性の方が男性より長生きです。

### They didn't **live** to see the revolution.
彼らはその革命を見ることなく、亡くなった。

　生きていることは毎日の生活を積み重ねて行くことで、生活基盤となる家や町に「暮らす」「住む」という意味が出てきます。

### We are **living** together.
私たちは一緒に暮らしています。

＊元々は「同棲している」という意味で使われることが多かったようですが、今はそうとは限りません。ルームメイトとして、share the apartment [room]（部屋を共有している）という意味合いで使うこともできます。

### My family used to **live** in Hokkaido.
私の家族は、以前は北海道に住んでいました。

### Are you still looking for a place to **live**?
まだ住む場所を探しているのですか？

### There are lots of children **living** in poverty.
貧しい生活をしている子供が大勢いる。

Michael Jackson lives.（マイケル・ジャクソンは生きている）と言えば、彼が今もなお「影響力がある」ことを意味します。また物語の最後のセリフ、They lived happily ever after.（彼らはその後幸せに暮らしました）を読んだり、聞いたりしたことがある人も多いでしょう。live はこのように「生きる」「生活する」という意味が基本となる語です。

## 知っておくと役立つ表現

☐ **live out of a suitcase** （出張が多い）

☐ **These animals live on meat.** （この動物達は肉が主食だ）

☐ **live up to** （〜にかなう）
＊I wanted to live up to your expectations.（私はあなたの期待に添いたかった）

☐ **live off** （〜のすねをかじる）
＊食べ物やお金の出所として、誰かを頼ることです。
**これも覚えよう！** **live off one's parents** （親のすねをかじって生きる）

☐ **live for** （〜のために生きる）
＊Lots of parents live for their children.
（多くの親は、子供のために生きる、多くの親にとって子供は生き甲斐だ）
＊This is something I live for.（これが私の生き甲斐なのです）

☐ **live it up** （おおいに楽しむ；ぜいたくに暮らす）

☐ **as long as I live** （生きている限り）
＊何かを強調するために使われます。例えば、will love you as long as I live.（生きている限り、あなたを愛します）は、あなたを愛するよ、という部分を強調したいわけです。

☐ **live from hand to mouth** （その日暮らしをする）

## 基本動詞 19

# grow

**発音**【gróu】 **活用** grow-grew-grown

> 「衣食住」の仲間
> *live, grow, eat, wear, pay, send*

**コアイメージ**「育つ」

### He's **growing** like a weed.
彼はどんどん大きくなっている。

＊ grow like a weed は早く成長する様子を表現します。

### A lot of flowers are **growing** in your garden.
あなたの庭では、たくさんの花が咲いていますね。

### Are you **growing** your hair?
髪を伸ばしているの？

＊髪の毛やひげなどが「伸びる」「伸ばす」様子も grow で表現できます。

　人間や動物の子供が「成長する」、植物が「育つ」など、ある期間成長することを grow を使って表すことができます。

### The population of our town **grew** to about 50,000 in three years.
私たちの町の人口は、3年で約5万人になった。

**これも覚えよう！** growing number of (より多くの；ますますの)
　　　　　A growing number of people are eating healthily.
　　　　　(より多くの人が健康的に食べるようになってきている)

## I've **grown** to respect the artist after interviewing her.
その芸術家にインタビューした後、尊敬の念が芽生えた。

**これも覚えよう!** grow to like（好きになる）
grow to fear（恐ろしくなる）

育つ、つまり大きくなるという基本のイメージから発展して、何かの量や、感情、問題などが大きくなったり、高まったりすることも表現できます。

その他、能力やスキルなどが伸びたり、大人っぽくなったりする様子を He's grown.（彼は進歩した）と表現したり、経済も grow the economy（経済を成長させる）などのように表現できます。

### 知っておくと役立つ表現

□ **Money doesn't grow on trees.**（金のなる木はない）
＊ことわざで、楽をしてお金を得られないということです。

□ **Grow up!**（大人になりなさい）
＊文字通り「成長しろ!」ということです。Grow up, will you? という言い方もあり、「大人になったらね」という意味合いで、親が子供を叱る場合などに使われます。

□ **grow away from one's parents**（徐々に親離れする）

□ **grow out of one's clothes**
（成長して、洋服が入らなくなる）

□ **a tragedy grows out of misunderstandings**
（誤解から生じた悲劇）

□ **grow on**（感情などが大きくなる；つのる）
＊Once you live in a place, it grows on you.（住めば都）
＊The idea grew on her.（彼女はそのアイディアに取り付かれた）
＊A bad habit grows on you.（悪い癖がつく）

□ **grow apart**（別れる；疎遠になる）

**基本動詞 20**

# eat

「衣食住」の仲間
live, grow, eat, wear, pay, send

発音【iːt】 活用 eat-ate-eaten

コアイメージ 「食べる」

　食べ物を口にいれ、かんだり味わったりして、飲み込むことです。また「食事をとる」という意味も表現します。

## Did you eat lunch?
お昼ご飯は食べた？

## I've been trying to eat right.
きちんと食べるように心がけています。

＊直訳すれば「正しく食べる」という意味で、適切な食事をすることです。

　犬を飼ったことがある人なら、eat out of one's hand （（人）のいいなりになる）のイメージはつかみやすいでしょう。エサを手のひらに乗せて、犬がそのエサを食べる様子です。飼い主さんは、その犬をちゃんとしつけていますし、犬も服従しているので手にかみついたりすることはなく、飼い主さんの命令に「喜んで従う」わけです。

## What's eating you?
どうしたの？

＊直訳すれば「何があなたを食べているの」ということですが、心配そう、元気がない、あるいはイライラしている感じの人に「どうしたの？」と声をかける場合に使われます。

日本語でも「食」を使って、「浸食する」「食い込む」「食い物にする」といった言葉があるように、英語でも eat into tax revenues（税収に食い込む）、eat... alive（(人)を食い物にする）などの表現があります。また、eat one's words（自分の言葉を食べる→発言を撤回する）といった表現もあります。

What's eating you?

### 知っておくと役立つ表現

- eat 人 out of house and home
  （大食で家庭の財政を切迫させる；人の財産を食いつぶす）

- eat your heart out　（悲痛な思いをする；大変悲しむ）

- I could eat a horse.　（おなかがぺこぺこです）
  ＊馬だって食べられるくらい空腹だということです。

- I couldn't eat another bite.　（おなか一杯です）
  ＊もう1口も入らない、ということです。

- eat humble pie　（屈辱を味わう；なめる）

- eat up　（大量に使う；食べ尽くす）

- eat like a horse　（大食である）
  これも覚えよう！ eat like a bird（少食である）

- eat away　（浸食する；絶え間なく食べる）

基本動詞 **21**

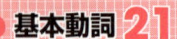

# wear

CD-2 58

「衣食住」の仲間
*live, grow, eat, wear, pay, send*

発音【wéər】　活用 wear-wore-worn

コアイメージ　洋服を「着る」、くつを「はく」、宝石などを「身につける」

## What should I wear to the interview?
面接に何を着ていこう？

＊ wear clothes [shoes / a hat] to a party（パーティに洋服［くつ／帽子］を着ていく）の形は便利なので覚えましょう。

　wear の後に blue や red などの色を続けて、「〜色を着る」という意味を表現できます。

## She was wearing her hair in a bun.
彼女は髪をお団子にまとめていた。

髪型を三つ編みに「している」も wear で表現できます。

## He was wearing a frown (smile).
彼は嫌な顔をしていた。[笑顔を浮かべていた]

「身につける」以外に、顔の表情も wear で表現できます。笑顔や嫌な表情などを「顔につけている」というイメージです。

## The carpet started wearing a little.
カーペットが擦り切れ始めた。

## You've worn a hole in the seat of your pants.
パンツのおしりのところに穴あいてるよ。

206

# Your sweater has worn a hole in the sleeve.
セーターの袖のところに穴あいてるよ。

　ジーンズなどが長時間の使用に「耐える」ことを wear well と表現します。逆に、長時間の使用で表面が「すりきれ」「くたびれる」状況も wear で表現できます。

## 知っておくと役立つ表現

☐ **wear thin** （つまらないものになる；我慢できなくなる）
　＊This comedian's jokes started wearing thin.
　（このコメディアンの冗談は、つまらなくなってきた）
　＊My patience with Jimmy is wearing thin.
　（ジミーに対して、我慢できなくなってきた）

☐ **wear one's heart on one's sleeve**
　（本当の気持ちを示す）
　＊直訳すれば「袖に心を着る」なので、本当の気持ちがとてもよくわかりそうです。

☐ **wear the pants** （家庭内で采配をふるう；ボスである）
　＊My mother wears the pants in my family.（我が家では母が実権を握っている）

☐ **wear away** （すり減らす；摩滅する）
　＊wear off も同様の意味があります。

☐ **wear down** （衰弱させる）

☐ **wear out one's welcome** （長居をして嫌われる）

☐ **worn out** （消耗しきっている）
　＊I'm worn out.（もう疲れきってしまいました）
　＊人にもモノにも使えます。

## 基本動詞 22

# pay

発音 【péi】　活用 pay-paid-paid

「衣食住」の仲間
*live, grow, eat, wear, pay, send*

コアイメージ　商品の代価や人の労働に対して報酬を「払う」

## I'll **pay** for lunch.
昼食代を払います。

＊ You'll pay for this. は、「君はこのために支払う→この償いはしてもらうからな」「ただじゃおかないぞ」といった意味合いになります。

## Jane **paid** me to look after her kids.
ジェインの子供達を見て、ジェインからお金をもらった。

　「払う」という意味でpayを使う場合、前置詞の使い方に注意しましょう。pay for（～の代価を払う）、pay 人 to do（人に～してもらった分を払う）、pay (in) cash（現金で払う）、pay by check (credit card)（小切手（クレジット・カード）で払う）など、pay＋前置詞でお金に関する熟語が多くあります。

## Sorry, I haven't **paid** you much attention recently.
ごめんね。最近あまりかまってあげられなかったね。

＊注意を払わなかったということです。

## They **paid** respects (tribute) to the founder of the company.
彼らは会社の創始者に敬意を表した。

　お金以外に、注意や敬意を「払う」という意味もあります。

208

**I don't think it will pay to argue with the boss.**
あの上司と討論しても、いい結果にはならないと思う。

**Does this business pay?**
この仕事は利益が出るだろうか？／割に合うだろうか？

「苦労が報われる」、「（労力や危険などに）引き合う」なども pay を使って表現することができます。

## 知っておくと役立つ表現

- **pay for itself in a year** （1年で元が取れる）
- **pay the price (penalty) for**
  （〜の代価を払う；罰（報い）を受ける）
- **pay through the nose for**
  （〜の代金をぼられる；法外な値段を払わされる）
- **pay lip service to**
  （（アイディアや企画などに）賛同はするが；特に何も行動しない；口先だけで支持する）
- **pay one's dues (at work)**
  （下積みの苦労や経験を積んで；上の地位や特権などを得る）
  ＊I've paid my dues...というフレーズがある曲はどのバンドの何の歌でしょう？答えは、QueenのWe Are The Championsです。
- **pay off** （効果がある；元が取れる；成功する）
  ＊Your hard work will pay off. （一生懸命やれば、報われますよ）

第3章

209

## 基本動詞 23

# send

「衣食住」の仲間
*live, grow, eat, wear, pay, send*

発音 [sénd]　活用 send-sent-sent

コアイメージ　郵便などで手紙や小包を「送る」

### Why don't you **send** some flowers to her?
彼女に花を送ってはどうですか？

### I'll **send** you an e-mail and let you know more details.
E メールを送って、さらに詳細を知らせますね。

　今は従来の郵便 (snail mail) を使う人は少なくなり、電子メールを使う人が多くなりましたが、電子メールを送る場合も send です。

### The student was **sent** home immediately.
その生徒は直ちに家に帰らされた。

### Many parents **sent** their children to camp during the summer.
多くの親が、夏の間子供達をキャンプに送った。

　人を「送る」「派遣する」も send で表現できます。

### The sight **sent** me into depression.
その情景を見て、私は暗い気分になった。

　この他、send... into のあとに、a frenzy（～を大混乱させる）、a rage（～を怒らせる）、fits（～をびっくりさせる）、fits of despair（～を絶望のふちに追い込む）などがあります。

また、心理的に影響を与え、人にある感情を持たせたり、何らかの印象を与えたりすることも send で表現できます。

## 知っておくと役立つ表現

☐ send away （送り出す；追い払う）

☐ send away (off) for
（手紙で発注する；～を取り寄せる；送信する）

☐ send back （送り返す；返信する）

☐ send for （呼び寄せる；取り寄せる）

☐ send in （送付する；提出する；(人を家などに) 招き入れる）

☐ send off （(見) 送る；派遣する；追い払う）

☐ send out （使いを出す；メッセージや信号を送る）

☐ send out for （出前を頼む）

☐ send up （上昇させる；からかう）

☐ Send my love to your family. （ご家族によろしく）
＊手紙の終わりや、別れる時の挨拶です。

☐ send home empty-handed （手ぶらで帰す）

☐ send... flying （～を投げ飛ばす）

☐ send shivers (chills) up (and down) one's spine （恐怖で背筋がぞっとする；イライラする）

☐ send... packing （首にする；追い出す）

## 基本動詞 24

# hang

CD-2 61

「状態」の仲間
*hang, stand, shake*

発音 [hǽŋ]　活用 hang-hung-hung
　　　　　　　 hang-hanged-hanged（絞首刑にする、という意味での活用はこれになる）

コアイメージ　何かを高い所から「つるす」、高い所に「かける」

---

**Let's hang this plant on the balcony.**
この植物をバルコニーにつるそう。

**A gorgeous chandelier hung from the ceiling.**
豪華なシャンデリアが天井からぶら下がっていた。

　hang の基本は、シャンデリアが天井からぶら下がっていたり、花が一杯のバスケットが街灯にぶら下がっているイメージです。

**A picture hung on the wall.**
壁に絵がかかっていた。

**We often hang at the coffee shop.**
私たちはよく喫茶店で集まっている。

**John started hanging with Todd.**
ジョンはトッドとほっつき歩き始めた。

　友人達と「ほっつき歩く」「たむろする」場合も hang (out) が使えます。壁紙を貼る (hang wallpaper on a wall)、霧や煙などが「立ちこめる」(mist hangs) なども表現することができます。

## 知っておくと役立つ表現

- one's life hangs in the balance
  (生死の縁をさまよっている)

- hang in there　（持ちこたえる；あきらめずに頑張る）

- hang a right (left)　（右［左］に曲がる）

- hang loose　（だらりと垂れ下がる）
  **これも覚えよう!** hang loose around one's neck（首にだらりと垂れ下がる）
  　　　　　　 hang loose from a vine（(果実が) つるからだらりと垂れ下がる）

- hang by a thread　（危険に瀕している；危機一髪である）

- hang one's head　（(恥ずかしさで) 顔を下に向ける；そむける）
  **これも覚えよう!** hang one's head in shame（恥じて顔をそむける；しょんぼりする）

- leave... hanging　（〜を未決定のままにしておく）

- hang around　（ぶらつく；たむろする；ゴロゴロする）

- hang back　（後ろの方にいる；ためらう；(学校に) 居残る）

- hang on　（(電話を) 切らずに待つ；がんばる；〜にしがみつく）

- hang on one's every word　（人の話を一生懸命聞く）

- hang out　（外側に垂れ下がる；出かける）

- hang out to dry　（洗濯物を外に干す）
  **これも覚えよう!** hang... out to dry
  　　　　　　（(人) の秘密を公にする；有罪にする；辞めさせる）

- hang over　（〜の上にたれ込める；覆う；迫る；未決のままである）

- hang together　（共にぶら下がっている；団結する；筋道が立っている）

- hang up　（電話を切る；進行を遅らせる；中止する）

- be hung up on　（〜にこだわる）

## 基本動詞 25

# stand

**発音** 【stænd】　**活用** stand-stood-stood

> 「状態」の仲間
> *hang, stand, shake*

**コアイメージ** 足で地面などに対して直立に「立つ」

---

**The teacher told the students to stand still.**
教師は生徒達にじっと立っているように言った。

**There's a convenience store now where the old house stood.**
古い家があった所に、今はコンビニが立っています。

　ビルなど建物が「立っている」という意味でも使われます。

**We need to stand together to improve our working conditions.**
労働条件改善のため、結束する必要がある。

＊ stand together は、一緒に並んで立つことから、団結するという意味になります。

　基本の「立つ」から、何かに向かって比喩的に「立ち上がる」という意味も出てきます。

**I can't stand people who smoke in public places.**
公共の場で喫煙する人には我慢できない。

**これも覚えよう!** can't stand the sight [smell / taste] of
（〜を見るだけでもいやである）［〜のにおい／味にはがまんできない］

**This material can stand the heat.**
この素材は、熱に耐えます。

214

ある状態に立つ、つまりその状態を受け入れ「我慢する」、何かに耐えうるだけの十分な良さがあるという意味もあります。

> As the way things stand, most people won't read printed books.
> この調子で行けば、人々は印刷された本を読まなくなるでしょう。

ある状態に「なる」「ままでいる」という意味もあります。

## 知っておくと役立つ表現

- stand by （そばにいる；味方をする；支える）
- stand out （目立つ；突き出る）
- stand against （～に立ち向かう）
- stand up （（椅子などに腰掛けている姿勢から）立ち上がる）
- stand over （～のそばに立って見下ろす；脅迫する；延期になる）
- stand for （～を我慢する；～を表す）
- stand on (one's) tiptoes （つま先立ちをする）
- stand clear of the door （ドアから離れて立つ）
  - これも覚えよう! stand in the way of （～の邪魔になる；邪魔になる所に立っている）
- I stand corrected. （過ちを認めます）
- stand trial on (for) （～のかどで裁判にかけられる）
- stand firm (fast) （意見を変えない；しっかり立つ）
- stand in line （列（先着順）に並ぶ）
- stand a chance of （～する見込みがある；チャンスがある）
- stand the test of time （時の試練に耐える；時間をかけて証明されている）
- it stands to reason that （～は理屈にかなっている；～はもっともである）

## 基本動詞 26

# shake

CD-2 63

「状態」の仲間
*hang, stand, shake*

**発音** [ʃéik]　**活用** shake-shook-shaken

**コアイメージ** 何かを「揺さぶる」

---

**To mix the oil and herbs together, shake the bottle well.**
オイルとハーブが混ざり合うように、瓶をよく振ってね。

**Before replacing the doormat, shake it well.**
ドアマットを取り替える前に、よく振ってください。

　シェイカーを持ってシャカシャカと振ったり、怒りにまかせて人を揺さぶったりするのが、基本のイメージです。

**You're shaking—what's wrong?**
震えてるじゃないですか。どうしたんですか？

　寒さや恐怖などで、体や手が「震える」場合も shake で表現できます。

**We were badly shaken by the news.**
私たちはその知らせにひどく衝撃を受けた。

　怒ったり、怖かったり、あるいは笑いすぎて震えている場合も、shake with anger (fear / laughter) と表現できます。また声が震えている場合も、My voice shook with emotion.（感動して声が震えた）のように表現できます。

服についた砂などを「払い落とす」、不安な気持ちなどを「拭う」などは手や頭を shake することで、余計なものを振り落とすイメージです。

地震で大地や家が「揺れる」、人に「ショックを与える」なども shake で表現できます。

## 知っておくと役立つ表現

☐ **shake down** （金を（おどすなどして）巻き上げる；徹底的に探す）

☐ **shake on** （同意して握手をする）
*Let's shake on it.（商談成立ですね）

☐ **shake... out of** （〜から人を抜け出させる）
*It's difficult for people to shake themselves out of their old habits.（人にとって古い習慣から抜け出すのは難しい）

☐ **shake up** （（組織を）改造する）
これも覚えよう！ **shake up the political system**（政治制度を改革する）
**shake up business**（景気にカツを入れる）

☐ **shake hands** （握手する）
*犬に「お手！」というのも Shake hands! です。

☐ **shake one's confidence (faith / belief)**
（人の自信［信頼／信条］を揺さぶる）

☐ **shake one's fist** （げんこつを振り回す；怒りを示す）
*げんこつを振り回すことから

☐ **be shaking in one's boots** （不安である；心配している）

☐ **more... than you can shake a stick at**
（非常に多くの〜）
*棒を振りながら数えられる以上のものがあるということです。
これも覚えよう！ **have a stick at**（〜に向かって棒を振る；〜に気付く）

☐ **shake your body** 音楽に合わせて踊る

第3章

217

## 基本動詞 27

# feel

CD-2 64

「気持ち」の仲間
*feel, lose, try*

**発音** [fíːl]　**活用** feel-felt-felt

**コアイメージ**「感じる」

---

| I **felt** very happy when I read this story.
この物語を読んだ時、とても幸せな気持ちになりました。

| The water **felt** way too cold.
水はあまりにも冷たかった。

　心理的に何らかの感情を経験する場合も、寒さ暑さ、痛みなどを体で感じる場合も両方に使えます。また主語に、モノを使うことも可能です。

| Standing here, I **feel** like (as if / as though) I'm flying.
ここに立つと、飛んでいるような感じだ。

＊ as if や as though の後ろは、話者の考えによって仮定法過去、仮定法過去完了、そして直接法を使い分けることを正しいとしていた時代もありましたが、今はそう気にしなくても大丈夫です。

　feel の後に like や as if や as though を続け「～のように感じる」という意味で用います。

| What (How) do you **feel** about the current situation?
現在の状況についてどう思いますか？

＊ feel を使う場合 What でも How でもかまわないですが、think を使う場合は What do you think...? となり、How は使えませんので気をつけましょう。

218

## You thought it was good. Do you still **feel** that way?
いいと思っていたけど、今もそう思いますか？

「考える」という意味合いでも用いられます。

feel <u>soft</u> (hard / rough)（柔らかい［固い／荒い］感じがする）、the earthquake was felt（地震が感じられた）などのように、触った感触や、地震などの揺れを感知する場合も feel です。

### 知っておくと役立つ表現

☐ **feel like (doing)** （〜したい気がする；〜を食べたい）

☐ **feel free to** （遠慮なく〜する）
 ＊Please feel free to ask me any questions.（質問があれば遠慮なく聞いてください）

☐ **I know how you feel.** （お気持ち、わかります）
 ＊I'm so disappointed.（がっかりだ）などのように話している相手が言ったことに対して、共感できる場合に使います。また、I feel for you. は通常つらいこと、悲しいことを経験している相手に対し、「お察しします」という同情の気持ちを表現します。

☐ **feel one's way** （手探りで進む）
 これも覚えよう！ **feel around for**（手探りで〜を探す）

☐ **feel the need to do** （〜する必要性を感じる）

☐ **feel the age gap** （年齢差（世代の隔たり）を感じる）

☐ **not feel up to** （だるくて〜する気になれない）
 ＊I don't feel up to going out.（出かける気になれない）通常否定形で使います。

## 基本動詞 28

# lose

「気持ち」の仲間
feel, lose, try

**発音** [lúːz]　**活用** lose-lost-lost

**コアイメージ** 何か大切なものを「失う」

　探しても見つからない、落としてしまった、壊れてしまったなど様々な理由から、手元にはもうその大切だった何かがない状態です。

**They lost everything in the fire.**
人々はその火事ですべてを失った。

**You keep losing your umbrellas.**
傘をなくしてばかりいるね。

　ビジネスで収益を失う、つまり「損をする」「赤字になる」(lose money) という意味でも使われます。人が体重を失えば「痩せる」(lose weight) で、喜ぶ人が多いかもしれませんが、記憶を失ったり (lose one's memory)、視力を失ったり (lose one's sight) というのは悲劇です。ちなみに lose (the) sight of には「〜を見失う」という意味もあります。

**I lost again! I'm not going to play with you anymore.**
また負けてしまった！　もう君とはゲームしない。

**The Greats lost to the Big Cats 10-3.**
グレイツは、ビッグ・キャッツに10対3で負けた。

　試合を失う、つまり「負ける」という意味でも使われます。

## The clock loses about one minute a day.
あの時計は1日につき、約1分遅れる。

時計が時間を失う、つまり「遅れる」も lose で表現できます。

### 知っておくと役立つ表現

- You've lost me. （よくわかりません）
- lose one's way (bearings)
  （道を見失う；居場所がわからなくなる；途方に暮れる）
- lose one's head （気が動転する）
  **これも覚えよう！** lose one's head over（〜に夢中である）　lose one's mind（正気を失う）　lose one's heart to（（人）に夢中である；恋に落ちる）
- lose yourself in （〜に夢中になる）
- lose your temper (cool) （カッとなる）
- lose one's nerve （自信をなくす；怖じ気づく）
- lose heart （がっかりする；へこたれる）
- lose one's balance (footing)
  （足を踏み外す；地位を失う）
- lose face （面目を失う）
- lose out （負ける；大損する）
- lose one's touch （腕が落ちる）
- lose touch in (with) （〜と連絡が途絶える）
  **これも覚えよう！** lose touch with reality（現実との接点を失う）
- There's no time to lose. （一刻も無駄にできない）
- 〜 loses... in (the) translation
  ＊直訳は「〜が翻訳の中で、...を失う」です。つまり、翻訳は、元の言葉とまったく同じ意味にはならないということです。新しい方法で、1つのことを行っても同じ結果にはならないことを表現しています。

## 基本動詞 29

# try

「気持ち」の仲間
*feel, lose, try*

**発音**【trái】　**活用** try-tried-tried

**コアイメージ** 何かをしよう、何かを得ようと「試みる」

---

He may not be smart, but he **tries** hard.
彼は、頭はよくないかもしれませんが、一生懸命やっています。

She's been **trying** hard to meet your expectations.
彼女は、あなたの期待に添うために一生懸命やっています。

I'll **try** to be a good father.
良い父親になるよう頑張るよ。

Have you **tried** using this new version?
この新しいバージョンを使ってみた？

＊ Have you tried this new version? と、using を使わず、直接名詞を持って来る言い方がよく使われます。

　〈try to do〉（〜しようとする）は、to 不定詞の基本が、これから行おうとする動作、内容にポイントがあるのに対し、〈try doing〉（〜してみた）は、既に行ったことを述べる点です。

Why don't you **try** something different?
違うことをやってみたら、どうですか？

## Would you like to try some?
ちょっとどう？

*何かを食べながら言えば、自分が食べているものを「ちょっと食べてみたいですか」、ゲーム機を前に言えば、「ちょっとやってみましょうか」など臨機応変にいろいろ使えます。

## He was tried for murder.
彼は殺人で審理を受けた。

## Kids tend to try your patience.
子どもというのは、怒らせるものなのです。

基本のイメージから、「テストする」という意味合いも出てきます。

---

### 知っておくと役立つ表現

☐ **try on** （試着する）
  *Can I try this on?（これを試着してもいいですか？）

☐ **try out** （試してみる）
  *I tried out my new skates.（新しいスケート靴を試した）

☐ **try one's hand at** （～をやってみる）

☐ **try one's luck** （運試しをする；一か八かやってみる）

☐ **lack of trying** （努力が足りない）
  *He failed but it wasn't for lack of trying.
  （彼は失敗したが、努力が足りなかったからではない）
  *通常否定文で用います。

## 基本動詞 30

# move

CD-2 67

「進む」の仲間
*move, leave, lead, cross, start*

発音 【múːv】　活用 move-moved-moved

コアイメージ 自分の体を動かしたり、別の場所へ移動したりする、つまり「動く」

> You might want to **move** a bit.
> 少し詰めていただけませんか？

　動くことにより、何か別の行動・活動を始めたり、今までいた所を去って、別の所に移ったりすることを表現します。

> We must **move** faster than the other members so we can take advantage of the opportunity.
> 他のメンバーより速く行動しなくては。そうすればこのチャンスを活用できます。

> My mother lives in Fukuoka and doesn't want to **move**.
> 母は福岡に住んでおり、引っ越したくないと思っています。

＊ move away も「引っ越す」という意味です。また move in には「引っ越して来る」という意味もあります。

　単にどこかへ行って、また元の場所に戻る場合もあれば、身の回り品や家具などと一緒に移動する、つまり「引っ越す」場合もあります。また学校や職場を変わる、オフィスが移転する場合などにも move を使えます。

> Can we **move** on to the next topic we are supposed to cover today?
> 今日話すことになっている次のトピックに移ってもいいでしょうか？

＊ move on には先へ進めるという意味もあります。動くことで、位置や状況が「変わる」という意味も出てきます。

## I was deeply **moved** when I heard the lyrics.
その歌詞を聞いた時、深く感銘をうけた。

＊ The lyrics deeply moved me. としても同意になります。心が動く、つまり感動したという表現もできます。

### 知っておくと役立つ表現

- **roll one's eyes** （目をむく；あきれたという表情をする）
- **move in** （近くに来る；仕事に就く）
- **move up in the world**
  （より良い仕事や社会的地位を得ること）
- **move with the times** （時代と共に自分の考え方も変わること）
- **get (keep) things moving** （物事を進める［続ける］）
- **move the goalposts**
  （(密かに) 規則や条件を変える；後から決定を覆す）
- **move heaven and earth**
  （何としてでも；全力を尽くして）
- **not move a muscle** （身動き1つしない）
- **Move out of the way!** （どいてくれ！）
- **move over** （場所をあける；詰める；ずれる）
- **move up** （上方へ移動する；昇進する）
  ＊上へ移動するイメージです。
- **move off** （立ち去る）

## 基本動詞 31
# leave

「進む」の仲間
move, leave, lead, cross, start

発音 [líːv]　活用 leave-left-left

コアイメージ　場所や人から「去る」

## I usually **leave** home at eight in the morning.
私はたいてい午前8時に家を出ます。

## I'm **leaving** for Paris tomorrow.
明日パリへ向けて出発します。

＊I'm leaving Paris. ならパリを出発することになるので、for の使い方には注意しましょう。

　通勤通学などで日常的に家を出る、あるいは旅行でしばらく住んでいる所を離れる場合など leave で表現できます。

## I've decided to **leave** Alberto.
アルベルトと別れることにしたの。

＊相手に愛想を尽かして「見捨てる」という意味合いもあります。

## Would you like to **leave** a message?
伝言を賜りましょうか？

## My grandfather **left** me this clock.
祖父がこの時計を残してくれました→この時計は祖父の形見です。

　結婚相手や同棲相手と別れて家を出て行く場合にも使えます。置き手紙など、誰かに読んでもらうために「残す」という意味でも使われます。

## I'll leave everything to you.
あなたに全部お任せします

＊Leave it to me.（私に任せてください）

## Is there any milk left?
ミルク残ってる？

## Leave me alone!
放っておいてよ！

「人に何かを残す→任せる」、「〜を残す」「ある状態のままにしておく」「放っておく」などの意味でも使われます。

### 知っておくと役立つ表現

- **The accident left its mark on the family members.** （その事故は、家族に大きな影響を与えた）

- **leave a lot (much) to be desired**
  （不十分な点（改善の余地）が大いにある）
  ＊Your essay leaves much [a lot] to be desired.（あなたのエッセイは大いに改善の余地がある）

- **leave no stone unturned** （隅々まで調べる）
  ＊ひっくり返していない石がない→全部の石をひっくり返して徹底的に調べる様子です。

- **leave something (nothing) to chance**
  （何かを運任せにする）［何事も運任せにしない］

- **leave... no choice** （（人）に選択の余地を与えない）

- **leave room in the closet for the box**
  （クローゼットにその箱が入る余地を残す）

- **leave... in the lurch**
  （（人）を困難な状態にする；（人）が困っているのに手助けをしない）

- **leave... cold** （（人）を感動させない；興味を引かない）

## 基本動詞 32

# lead

発音 [líːd]　活用 lead-led-led

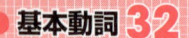

「進む」の仲間
*move, leave, lead, cross, start*

**コアイメージ**: 1人あるいは大勢の人達の先頭に立ち、どこかに「導く」「連れて行く」、あるいはグループを「引率する」

I took my grandmother's hand and **led** her into the house.
祖母の手をとり、家に招き入れた。

Pamela was **leading** the other club members.
パメラがクラブの他のメンバーを率いていた。

Who's **leading** this team?
このチームの責任者は誰ですか？

Our team was still **leading**.
私たちのチームがまだ1番だった。

　人々を指導者として「引っぱる」、試合などで「先頭を走っている」「1番である」などの意味が出てきます。

These factors **led** me to believe that he was right.
これらの要因から、私は彼が正しかったのだと信じるようになった。

　何らかの結果、あるいは方向などに導かれ、「～になる」「その気にさせる」などの意味合いも出てきます。

## He showed us the door that **led** to the backyard.

彼は裏庭に続くドアを私たちに示した。

「〜に続く道（扉）」という意味でも lead を使えます。

### 知っておくと役立つ表現

- **lead into** （〜に入る）
  - これも覚えよう！ **lead A into B** （AをBに導く）
- **lead off** （開始する；口火を切る）
- **lead on** （だます）
  - これも覚えよう！ **get a lead on** （〜の手がかりをつかむ）
- **One thing leads to another.** （事が事を呼ぶ）
- **lead up to** （〜につながる）
- **lead the way to** （〜へ案内する；〜への道を開く）
- **lead... astray** （（人）を道に迷わせる）
  - これも覚えよう！ **lead one's judgment astray** （（人）の判断を誤らせる）
- **lead... (around) by the nose** （（人）を操る）
- **You can lead a horse to water but you can't make him drink.**
  （馬を水辺に連れて行くことはできても、無理矢理水を飲ますことはできない）
  ＊やる気のない人に無理強いはできないという意味のことわざです。
- **lead... down the garden path** （（人）をだます）

## 基本動詞 33

# cross

**発音** [krɔ́ːs]　**活用** cross-crossed-crossed

> 「進む」の仲間
> *move, leave, lead, cross, start*

**コアイメージ**　「渡る」「横切る」

---

### I saw something crossing the room from right to left.
何かが部屋の中を、右から左へと横切るのを見た。

### Raise your hand when you cross the road.
道路を渡る時は、手を上げなさい。

　道路であれ部屋の中であれ、あるいは水上であれ、片側から向かい側へと「横断する」のが cross の基本イメージです。

### The thought has crossed my mind.
それは、私も考えたことがあります。

　考えが「浮かぶ」、「頭をよぎる」という意味でも cross を使えます。また、道路や川が「交差する」(This street crosses that road.) という意味もあります。この交差するイメージは、人が足や手を「組む」(cross one's legs (arms) )、さらには、異なる動物や植物の種を「交配させる」「新種を作る」(cross A with B) という意味へと広がります。

### Did you make a customer cross again?
また客を怒らせたのですか？

　人を怒らせるという意味もあります。形容詞の cross にも angry と同じく、「怒って」という意味があります。

## 知っておくと役立つ表現

- **cross off** （線を引いてリストから削除する）
  *cross outにも同じ意味があります。

- **cross over** （領域などを超える；クロス・オーバーする）

- **Our paths crossed in 1970.**
  （1970年に私たちは出会った）
  *人が出会うのは、行く小道（path）が交差しているからという意味がこめられた表現で、運命的な出会いも、また日常出会うという意味もあります。

- **cross one's face** （人の顔をよぎる）
  *see a look of annoyance cross your face
  （あなたの顔にうんざりした表情を読み取る）

- **Cross that bridge when you come to it.**
  （実際に問題が起こるまでは、それについて考えたり心配したりしないでおく）

- **cross my heart** （神かけて誓う）

- **cross one's fingers** （祈る）
  *Keep your fingers crossed. （祈っていてください）

- **cross swords (with)** （(人)と議論を戦わせる）

Raise your hand when you cross the road.

第3章

231

## 基本動詞 34

# start

CD-2 71

「進む」の仲間
*move, leave, lead, cross, start*

発音【stάːrt】　活用 start-started-started

コアイメージ 何かを「始める」、何かが「始まる」

**So many things to do. I don't know where to start.**
すべきことが多すぎて。どこから手をつければ良いのやら。

**I'd better get started—I want to finish this today.**
始めた方がいいですね。今日中にこれをすませてしまいたいので。

**The film starts at five thirty.**
映画は5時半に始まる。

**Let's get the party started, shall we?**
パーティを始めましょうか。

　get... started（～をスタートさせる：始める）は、よく使われる形です。また、get the engine started（エンジンをスタートさせる）、get started in business（商売を始める）などのように使うこともできます。また get jump-started は、何かを勢い良く始めることです。ちなみに、エンジンなど機械類を始動させる意味では、通常 begin を使いません。

**At age 7, Alison started as an actor.**
7歳の時、アリソンは俳優となった。

　職業として「～を始める」「～になる」という意味もあります。
　start a job (business / company)（仕事［商売／会社］を始め

る）、start school (college)（学校［大学］に入る）、start a fight (argument)（けんかを始める）など、始める内容も様々です。また川や道路がある地点から「始まる」、「発生している」という場合にも、The river starts in the mountain.（その川は山を源としている）のように表現できます。

## The loud noise made him start.
大きな音がして、彼を驚かせた。

　大きな音などに「驚く」「びくっとする」という意味もあり、これは何かを始めるという基本のイメージから派生して体を動かすというイメージです。

### 知っておくと役立つ表現

- start in （〜し始める；非難する）
- start off with （〜で始める）
  - **これも覚えよう!** start by doing （〜することで始める）
- start (off) well (badly) （出だしが良い［悪い］）
- start up （開業する；立ち上げる；エンジンをかける）
- start from scratch (zero) （ゼロから始める）
- start afresh (anew) （最初からやり直す；新たに始める；再出発する）
- start a family （子供を持つ）
- start a rumor （うわさをたてる）
- You started it! （あなたが始めたんじゃない！）
  - ＊けんかなど、相手が始めたのだと非難する場合に使います。
- Don't (you) start with me! （私に言わないで！）
  - ＊自分に文句をつけたり、うんざりさせたりしないでという意味で使います。

第3章

## 基本動詞 35
# drive

発音 【dráiv】　活用 drive-drove-driven

「乗り物」の仲間
*drive, fly*

コアイメージ　車を「運転する」

## We drove into a quiet town near the sea.
私たちは海に近い静かな町へと車で入って行った。

## Can you drive me to school tomorrow morning, Mother?
お母さん、明日の朝、車で学校へ送ってくれる？

　車でどこかへ行ったり、人を乗せて連れて行ったりすることを表現できます。

## What drives the singer is her love of music.
その歌手を突き動かすものは、音楽への愛だ。

## Their shouts were driving me crazy.
彼らの叫び声に、私はいらいらさせられた。

　運転するということは、どこへ行くかを決めて車を操縦することで、この点から、何かが機械を動かす原動力を与えることも表現します。例えば、The current flows into electric motors which drive the wheel.（電動機への電流が車輪を動かす）のように表現できます。また機械のみではなく人を動かすこと、つまり人を何かに「駆り（追い）立てる」「〜させる」ことも意味します。

# I didn't mean to **drive** a wedge between you and Kit.

あなたとキットの仲をさこうというつもりはなかったんです

＊wedgeは「くさび」のことで、「それ（くさび）を人と人の間に打ち込むこと→仲たがいをさせる」という表現です。

釘などを「打ち込む」という意味もあります。

Can you drive me to school tomorrow morning Mother?

## 知っておくと役立つ表現

□ **drive at** （〜を意味する；言おうとする）
　＊What are you driving at?（何が言いたいの？）

□ **drive off (away)** （〜を追い払う）
　これも覚えよう! **drive off (away) the crowds** （人々を追い払う）
　＊車で走り去るという意味もあります。

□ **Bad money drives out good.** （悪貨は良貨を駆逐する）
　＊drive outには「車で出かける」「追い払う」などの意味もあります。

□ **drive a hard bargain** （自分に有利に商談を進める；値切る）
　＊契約時に、多くを要求したり、相手に多くを与えたがらない、自分に都合が良いように話を進めることです。

□ **drive... home** （〜をわからせる；はっきり言う）
　＊「車で家に帰る」という意味もあります。このhomeは副詞で「中心に」「胸をグサリと打つように」といった意味があり、直訳すれば、〜を中心に打ち込む、胸にグサリと打ち込むという意味合いになります。

□ **drive up** （（値段やコストなどを）上げる；車でやって来る）

235

## 基本動詞 36

# fly

「乗り物」の仲間
*drive, fly*

発音 [fláI]　活用 fly-flew-flown

コアイメージ　空中を「飛ぶ」「飛ばす」

### I wish I could fly like a bird.
鳥のように飛べたらなあ。

### Do you want to fly the kite?
凧揚げをしたい？

＊fly a kiteで「凧を揚げる」という意味がありますが、Go fly a kite!と言えば、「あっち（どこか）へ行け」「現状を受け入れる」という意味になります。

### I usually fly JAL.
私はたいていJALを使います。

飛行機で「飛ぶ」、飛行機を「操縦する」場合もflyで表現します。

### Relief goods were flown into the disaster-stricken area.
救援物資が被災地に飛行機で運ばれた。

飛行機で物資などを「空輸する」という意味もあります。
　fly down the stairs（階段を飛ぶように降りる）、The door flew open.（扉がパッと開いた）などのように、人や車、ドアなどが、飛ぶような勢いで動く様子も表現できます。

時間が飛ぶように過ぎるのも、Time flies. や Pleasant hours fly past.（ことわざ：楽しい時はあっという間に過ぎてしまう）のように表現できます。

旗をあげる（fly a flag）、また旗や髪の毛、コートの裾などが風に「翻る」「なびく」「はためく」などの意味もあります。

I wish I could fly like a bird.

### 知っておくと役立つ表現

□ **fly off the handle**　（突然怒る）

□ **fly into a temper (rage)**　（すごく怒る）

□ **rumors are flying**　（うわさが飛び交っている）

□ **let fly at**　（～に対して；ひどく怒る；わめく；～を狙って発砲する；〔石／弾丸を〕飛ばす）

□ **let the ax fly**　（解雇する）

□ **let one fly**　（おならをする）

□ **fly in the face of**　（（習慣やリスクなどを）無視して行動する）
　＊虫などが顔の前を飛ぶ、という意味もあります。また、fly in the face of common sense（常識はずれで）、fly in the face of public opinion（世論を無視して）など、多様に使われます。

## 基本動詞 37

# beat

**「自発」の仲間**
beat, find, meet, mark

発音 [bíːt]　活用 beat-beat-beaten

コアイメージ　人やモノなどを強く「打つ」「たたく」

### The man was **beaten** to death.
その男は殴り殺された。

### The team was **beaten** 58-42 by its opponent.
そのチームは、対戦相手に58対42で敗れた。

　基本のイメージから、スポーツの試合やゲームなどで相手を「負かす」という意味も出てきます。より良い記録を残す、成績を取るという場合 beat a record (score) と表現できます。今までの記録や成績を「打つ」「負かす」イメージです。

　また心臓が「鼓動する」や、「ドラムをたたく」も beat を使います。beat the drum for という表現があり、ドラムをたたくイメージから、「派手に（人・モノ）について主張する・宣伝する」という意味です。

### **Beat** the eggs until stiff.
角が立つまで、卵を混ぜなさい。

　卵を始めとする食べ物を「かき混ぜる」「泡立てる」という意味でも beat を使えます。手をしっかり動かして、かき混ぜる様子は、「打つ」「たたく」という基本のイメージそのものです。

## 知っておくと役立つ表現

- beat down （太陽が照りつける；雨が激しく降る；打ち負かす）
- beat off （追い払う）
- beat out （打ち負かす；(楽器を)たたいて鳴らす）
  - これも覚えよう！ beat one's brains out （脳みそを絞る；一生懸命考える）
    beat one's brains out （人の頭をなぐる）
- beat up （打ちのめす）
  - これも覚えよう！ beat up on oneself 自分を責めすぎる
- beat the hell out of （人をたたきのめす）
  - これも覚えよう！ Beats the hell out of me. [Beats me.]（さっぱりわかりません）
- You can't beat that. （あれにはかないません。あれ以上のものはない）
- beat... to it （人の先手を打つ）
- Beat it! （すぐに出て行け！逃げろ！どこかへ行け！）
- beat the pants off （人をひどい目に合わせる）
- If you can't beat'em, join'em. =If you can't beat them join them.
  （勝てないなら、彼らに加われ→長いものには巻かれろ）
- Can you beat that (it)? （どうだ？驚いたか？／まいっただろう？）
- beat around the bush （遠回しに言う）
- beat the rush to （混む前に～に着く）
- beat the system （体制（法律・組織など）に打ち勝つ；突破口を見つける）
- beat on (against) （～に襲いかかる）
- beat a path (to one's door) （(人の所に)大勢の人が押し寄せる）
- beat time to （～に合わせて拍子を取る）
- beat the heat （暑さをしのぐ）

## 基本動詞 38

# find

「自発」の仲間
beat, find, meet, mark

発音 [fáind]　活用 find-found-found

コアイメージ 探し求めて、あるいは偶然に「発見する」「見つける」

Have you **found** your glasses?
メガネは見つかったの？

I **found** this purse at the entrance.
この財布を入口で見つけました。

I **found** Emily this shirt for her birthday.
エミリーのお誕生日プレゼントにこのシャツを見つけました。

Researchers **found** some clear cause-and-effect relationships.
学者達は、明確な因果関係を見つけた。

　研究の成果として何かを発見した場合にも使います。また「時間がある／ない」も、find the time と表現できます。

How do you **find** the food here?
ここの料理はどうですか？

I **found** I was happy to go back to my own country.
私は自分の国に戻ることを喜んでいることに気づきました。

240

何かを見つけるという基本の意味から、何かに対してある考えや感情を持つ、つまり「〜と思う」という意味や、以前は気づかなかったことに「気づく」などの意味が生じてきます。

　また、find... guilty で、人を有罪と見つける、つまり有罪判決を下すという意味になります。find for は、人に有利な判決を下す、find against なら、人に不利な判決を下すということです。

## 知っておくと役立つ表現

☐ **find out** （発見する）

☐ **find fault with** （（人／モノ）のあらを探す）

☐ **find one's way** （苦労して進む）

☐ **find oneself in** （気がつくと〜にいる）

☐ **find favor with** （〜に気に入られる；支持される）
　＊find favor with one's master （師匠のメガネにかなう）

☐ **find... wanting**
　（人やモノが何かに欠けている；十分ではないと判断する）
　＊The system was found wanting. （そのシステムは十分満足できるものではないと判断された）

☐ **find one's voice**
　（（作家や政治家達が）自分の言いたいことを効果的に発表する）
　＊驚いたりして声が出なくなっていた後に、ちゃんとまた話すことができるようになるという意味もあります。

☐ **find one's feet** （新しい環境に慣れる；本領を発揮する）

## 基本動詞 39

# meet

発音 [míːt]　活用 meet-met-met

「自発」の仲間
beat, find, meet, mark

**コアイメージ** ある場所で人と直接「会う」

### Taka and I met for lunch at Milky Burger yesterday.
タカと、昨日ミルキー・バーガーでランチをしたんだ。

　知っている人と約束をして会う以外に、初めて人と会う場合にも使います。人に誰かを紹介する場合、Meet my mother, Sam.（サム、母です）のように言えます。また Nice to meet you. や (I'm) Glad to meet you.（はじめまして）などは初めて会った人への定番挨拶です。また別れる場合は、Nice meeting you. となります。通常この言葉は初めて会った人と別れる場合に使います。

### This class meets every Monday from ten to twelve.
このクラスは毎週月曜日10時から12時にあります。

　同じ場所に集うという基本の意味から、会議や授業などが「ある」ことも meet で表現できます。

### Dave is meeting you at the airport.
デイヴが空港で出迎えますので。

　空港などで人を「出迎える」「迎えに行く」場合も meet を使います。

必要性や条件を「満たす」(meet a need)、目標に「達する」(meet a goal)、締め切りに「間に合う」(meet a deadline)、借金を「返済する」(meet debts) なども meet で表現できます。

## My hand **met** his hand under the table.
私の手がテーブルの下で、彼の手と当たった。

また「当たる」「触れる」の意味もあります。

### 知っておくと役立つ表現

☐ **meet up** （会う）
＊meetと同じ意味ですが、Why don't we meet up for lunch?（ランチでもどう？）というカジュアルな感じで使われます。

☐ **meet with criticism** （非難される）
＊My suggestion met with criticism.（私の案は非難された）という使い方もあります。またThey met with danger when they drove.（彼らは運転していた時、危険な目にあった）などのように経験をする場合にも用いられます。
＊meetは、meetのあとに直接会う相手を続けてmeet A（Aさんに会う）と言えますが、meet with Aという表現もあります。少しフォーマルになります。

☐ **There's more to... than meets the eye**
（（人／モノ）に、見た目以上の何か（価値など）がある）
＊There's more to this museum than meets the eye.（この博物館には見た目以上のものがあります）

☐ **meet one's match** （良きライバルに出会う）

☐ **meet... halfway** （歩み寄る；妥協する）
＊文字通り、人と道の半ばで会うことで、途中まで歩いて行って、そこで同意に達しようという意味合いです。

☐ **meet head-on with** （（問題など）に正面から取り組む）

☐ **meet one's death (end / fate)** （最後を遂げる）
＊meet one's fateには運命の人に出会うという意味もあります。

## 基本動詞 40

# mark

**「自発」の仲間**
*beat, find, meet, mark*

発音【mάːrk】　活用 mark-marked-marked

**コアイメージ**　ペンなどを使って「印をつける」

**Mark the date with a red circle.**
赤丸でその日に印をつけて。

**The box was marked "CONFIDENTIAL".**
その箱は「極秘」と記されていた。

　学生の答案に印をつけて「採点する」そして「成績をつける」、またスポーツなどの「得点を記録する」なども mark で表現できます。

　印をつけて特別な出来事などを「祝う」、その日を「特徴づける」「目立たせる」、またある出来事が重要な時期などを「示す」「知らせる」などの意味になります。

**The ceremony was marked with spectacular fireworks.**
式典では、華やかな花火が打ち上げられた。

**This year marks the 100th anniversary of our city.**
今年は、当市の市政100周年となります。

**Red stars on the maps mark the places we are going to visit today.**
地図の赤い星印は、今日私たちが行く場所です。

印がつくということは、「へこむ」「傷がつく」ということでもあり、例えば The material marks easily.（この素材は容易に印がつく、へこむ）のように表現できます。

## 知っておくと役立つ表現

☐ **mark down** （値下げする）
　これも覚えよう！ mark down prices on... （〜の値段を下げる）
　　　　　　　　mark down... to half-price （〜を半分に値下げする）
　　　　　　　　⇔ **mark up** （価格を上げる）
　＊「書き留める」という意味もあります。

☐ **mark off** （(線などを引いて場所を) 区切る）
　＊The police marked off the area. （警察はその地帯を区切った）
　これも覚えよう！ **mark out** （区切る；(To do list (すべきことリスト) の項目に済みの) 印をつける）

☐ **mark out**
　（(人やモノ) を他とは違うもの、あるいはよりよいものとしてマークする）
　これも覚えよう！ mark... out for promotion （(人) を昇進させる）

☐ **mark up** （校正する）

☐ **mark time** （時間を稼ぐ；(その場で) 足踏みをする）

☐ **mark... absent** （欠席扱いにする）

☐ **Mark my words.**
　（注意して私が言うことをちゃんと聞きなさい）

☐ **mark one's place** （何処まで読んだか印をつける）
　＊fold the page to mark my place どこまで読んだか印をつけるためにページを折る

## グループで覚える基本動詞 40

# Review 3

## 基本編

**1** （　）の中に適切な動詞を下から選んで入れましょう。必要があれば、文に合う形にしましょう。

bring  call  leave  lift  mean  push  say  speak  talk  tell

☐ 1. What do you (　　　) to going out for dinner?
（夕食を食べに行きませんか？）

☐ 2. Can you (　　　) me what to do?
（すべきことを教えてくれますか？）

☐ 3. How many languages do you (　　　)?
（何カ国語を話しますか？）

☐ 4. What are you (　　　) about?
（いったい何の話？）

☐ 5. Please (　　　) me Danny.
（ダニエルと呼んでください）

246

☐ 6. What do you (　　　　) by that?
(それって、どういう意味？)

☐ 7. What (　　　　) you here?
(なぜ、ここに来たの？)

☐ 8. You can't (　　　　) me to do what you want.
(自分がしたいことを私に押し付けないで)

☐ 9. Would you like to (　　　　) a message?
(伝言を賜りましょうか？)

☐ 10. Shall I help you (　　　　) this box?
(箱を持ち上げるお手伝いをしましょうか？)

247

## グループで覚える基本動詞 40

# Review 3

## 中級編

**1** 日本語の意味を持つ英語表現になるように、（　）に適切な単語を選んで入れましょう。

beat　catch　cross　drop　hang　lead　lose　roll　send　throw

☐ 1. make a customer (　　　　　) （客を怒らせる）

☐ 2. (　　　　　) eggs　（卵を混ぜる）

☐ 3. (　　　　　) the team　（チームを率いる）

☐ 4. (　　　　　) students home　（生徒達を家に帰す）

☐ 5. (　　　　　) at the coffee shop
（喫茶店に集まる；たむろする）

☐ 6. (　　　　　) money　（損をする）

☐ 7. (　　　　　) away　（（ゴミなどを）捨てる）

☐ 8. (　　　　　) the 11:30 train　（11時30分の電車に乗る）

☐ 9. (　　　　　) out of college　（大学を中退する）

☐ 10. (　　　　　) one's eyes　（目をむく）

**2** 日本語の意味を持つ英語表現になるように、(　) に適切な単語を選んで入れましょう。

bear　carry　feel　find　live　mark　pay　stand　start　try

☐ 1. (　　　　) off the mission　（任務を成し遂げる）

☐ 2. (　　　　) the shoes on　（試しにはいてみる）

☐ 3. (　　　　) by you　（君の味方をする）

☐ 4. (　　　　) like going out　（出かけたい気がする）

☐ 5. (　　　　) down　（値下げする）

☐ 6. (　　　　) fault with him　（彼のあらを探す）

☐ 7. (　　　　) from scratch　（ゼロから始める）

☐ 8. (　　　　) your advice in mind　（あなたのアドバイスを心に留める）

☐ 9. (　　　　) up to your expectations　（あなたの期待に添う）

☐ 10. (　　　　) in cash　（現金で払う）

## グループで覚える基本動詞 40

# Review 3

## 上級編

**1** （　）内の動詞を使って、次の日本語を表現しましょう。

☐ 1. 図（調子）に乗るな。　(push)

___

☐ 2. 何が言いたいの？　(drive)

___

☐ 3. あなたに全部お任せします。　(leave)

___

☐ 4. これが私の生き甲斐なのです。　(live)

___

☐ 5. 一生懸命やれば、報われますよ。　(pay)

___

☐ 6. どうしたの？　(eat)

☐ 7. 長居をして嫌われないようにね。 (wear)

☐ 8. UNは、国際連合 (the United Nations) の略です。
(stand)

☐ 9. 質問があれば遠慮なく聞いてください。 (feel)

☐ 10. ここの人たちはどうですか？ (find)

## グループで覚える基本動詞 40

## 解答　Review 3

### 基本編　　　　　　　　　　　　　　　　　　　　　　　　　　　　P. 246 - 247

**1**

1〜4の語を使い分けることができたでしょうか？ 「話す」を意味する語ばかりですが、1〜4の問題では入れ替えて使うと不自然な表現になりますので、しっかり区別しましょう。

1. **say**
   *what do you say to...（〜はどうですか？）という提案をする表現で、What do you think of...?や、How about...? Why don't we...?などと同じような意味合いになります。
   ○ say 166ページ参照

2. **tell**
   *tellには教えるという意味もありましたね。○ tell 168ページ参照

3. **speak**
   *言語を話すという場合にはspeakが最適です。○ speak 170ページ参照

4. **talking** ○ talk 172ページ参照

5. **call**
   *call A B（AをBと呼ぶ）の形は覚えたでしょうか。○ call 174ページ参照

6. **mean** ○ mean 176ページ参照

7. **brings** ○ bring 180ページ参照

8. **push** ○ push 198ページ参照

9. **leave** ○ leave 226ページ参照

10. **lift** ○ lift 192ページ参照

### 中級編　　　　　　　　　　　　　　　　　　　　　　　　　　　　P. 248 - 249

**1**

1. **cross**
   *「横切る」のほかに、「怒る」という意味も重要です。

2. **beat**
   *「打つ」「たたく」→（卵などを）「かき混ぜる」「泡立てる」でしたね。

3. **lead**
   *先頭に立って引っぱって行くイメージです。

4. **send**
   *人やモノを「送る」がsendの基本です。

5. **hang**
   *「友達とほっつき歩く」「たむろする」という意味でもhangを使えます。

6. lose
    *「失う」が基本で、お金を失うのだから「損をする」という意味になります。
7. throw
    *投げて捨てるイメージです。
8. catch
    *電車を「つかむ→乗る」です。
9. drop
    *「落とす」が基本で、そこから「あきらめる」「やめる」などの意味にもなります。
10. roll
    *目をくるりと回すイメージです。

### 2

1. carry
    *carry offには、他に「持ち去る」「誘拐する」「勝ち取る」などの意味があります。
2. try
3. stand
    *励ます意味と逆に「傍観する」という意味もありますので文脈に注意しましょう。
4. feel
5. mark
    *「書き留める」「印をつける」などの意味もあります。
6. find
7. start
    *start from zeroも同意です。
8. bear
9. live
    *「(信念や信条、主義などに) 従って生きる」「行動する」という意味もあります。
10. pay

上級編                                                    P. 250 - 251

### 1

1. Don't push your luck.
    *push itも同意です。

## 基本動詞 40

### 解答　Review 3

2. What are you <u>driving</u> at?
   ＊What are you getting at?も同意です。
3. I'll <u>leave</u> everything to you.
4. This is something I <u>live</u> for.
   ＊「生き甲斐」には、他にもpurpose <u>in</u> [of] life, reason for living, raison d'etreなどがあります。
5. Your hard work will <u>pay</u> off.
   ＊pay offには、「払い戻す」「清算する」「〜に復讐する」などの意味もあります。
6. What's <u>eating</u> you?
7. Don't <u>wear</u> out your welcome.
8. UN <u>stands</u> for the United Nations.
   ＊stand forには、「〜を支持する」「〜に賛成する」などの意味もあります。
9. Please <u>feel</u> free to ask me any questions.
10. How do you <u>find</u> the people here?

●著者紹介

**妻鳥　千鶴子　Chizuko Tsumatori**

主に英検1級対策を行うアルカディアコミュニケーションズ(http://www.h6.dion.ne.jp/~arkadia/) 主宰。英国バーミンガム大学院翻訳学修士課程終了(MA)。近畿大学非常勤講師、他大学や企業でのTOEIC講座などを担当。

　主な著書には『ゼロからスタート英会話』『TOEFLTEST英単語スピードマスター』『ゼロからスタート英単語BASIC1400』（Jリサーチ出版）など。

　主な資格は、英検1級、通訳ガイド(大阪府第1236号)、ケンブリッジ英検プロフィーシィェンシィ(CPE)、TOEIC満点など。

| | |
|---|---|
| カバーデザイン | 滝デザイン事務所 |
| カバーイラスト | みうらもも |
| 本文デザイン／DTP | 江口うり子（アレピエ） |
| 本文イラスト | いとう瞳 |
| 英文校正 | Philip Griffin |

## ゼロからスタート　基本動詞

平成23年（2011年）10月10日発売　初版第1刷発行

| | |
|---|---|
| 著　者 | 妻鳥千鶴子 |
| 発行人 | 福田富与 |
| 発行所 | 有限会社 Jリサーチ出版 |
| | 〒166-0002　東京都杉並区高円寺北2-29-14-705 |
| | 電話 03(6808)8801(代) FAX 03(5364)5310 |
| | 編集部 03(6808)8806 |
| | http://www.jresearch.co.jp |
| 印刷所 | ㈱シナノ・パブリッシング・プレス |

ISBN978-4-86392-077-4　禁無断転載。なお、乱丁・落丁はお取り替えいたします。
Copyright ©2011 Chizuko Tsumatori All rights reserved.

# J新書

## お手軽だけれど中身はパワフル
- バッグの中にすっぽり入るポケットサイズ♪
- どこでも気軽に読んで、しっかり語学を身につける。

---

**Facebook Twitter に！**

**J新書19** 学校では教えてくれない英語表現333
### 絶対使える カジュアル★イングリッシュ
CD付

ネイティブが使うリアルな英語表現を厳選。ツイッター、フェイスブックですぐに役立つ1冊！【例】でっかい→humongous、元カレ→ex、ちくる→squeal。頭文字語・短縮語、顔文字、擬音語も紹介。

山崎 祐一 著　四六判変型／定価 1050 円（税込）

---

**大人気！ ネイティブ厳選 まる覚え シリーズ**

**J新書02** スーパーダイアローグ300
### ネイティブ厳選 必ず使える英会話 まる覚え
CD付

日常生活で最も頻繁に使う状況と会話例をネイティブととことん話し合い、極限まで実用性にこだわったダイアローグ300を収録。

宮野 智靖／ジョセフ・ルリアス 共著　四六判変型／定価 1050 円（税込）

**J新書11** こだわりフレーズ290
### ネイティブ厳選 日常生活英会話 まる覚え
CD付
リサ・ヴォート 著　四六判変型／定価 1050 円（税込）

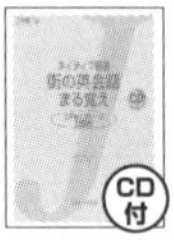

**J新書13** こだわりフレーズ255
### ネイティブ厳選 街の英会話 まる覚え
CD付
リサ・ヴォート 著　四六判変型／定価 1050 円（税込）

---

**大人気！ 魔法シリーズ**

**J新書17** 英語の音がどんどん聞き取れる
### 魔法のリスニング　英語の耳づくりルール120
CD付

英語の音は2語・3語の連結で聞き取る。初心者の方でも十分ナチュラルスピードが聞き取れるようになります。日常最も使われる重要表現ばかりを厳選。CDには（ゆっくり）（ナチュラル）スピードの2回読みを収録。

リサ・ヴォート 著　四六判変型／定価 1050 円（税込）

**J新書05** 中学英語で世界中どこでも通じる
### 魔法の英会話　フレーズ500
CD付
成重 寿／入江 泉 共著　四六判変型／定価1050円（税込）

**J新書09** 超速で基本英文法を総復習できる
### 魔法の英文法　文法ルール100
CD付
成重 寿／入江 泉 共著　四六判変型／定価 1050 円（税込）

**J新書15** 中学単語で英会話力UP！
### 魔法のイディオム　すぐに使える表現300
CD2枚付
石井 隆之 著　四六判変型／定価 1260 円（税込）

**J新書18** 単語と単語、正しい結びつきで覚える
### 魔法のコロケーション　英会話表現1000
CD2枚付
佐藤 誠司 著　四六判変型／定価 1260 円（税込）

---

**全国書店にて好評発売中！**

商品の詳細は　[J新書]　[検索]　↓または下記ホームページから

http://www.jresearch.co.jp 　**Jリサーチ出版**

〒166-0002　東京都杉並区高円寺北 2-29-14-705
TEL03-6808-8801　FAX03-5364-5310